全国高校教材学术著作出版审定委员会审定

临床技能模拟训练手册

钟春玖　王莉英　主编

军事医学科学出版社

·北　京·

图书在版编目（CIP）数据

临床技能模拟训练手册/钟春玖，王莉英主编. —北京：
军事医学科学出版社，2013.6
ISBN 978-7-5163-0261-3

Ⅰ.①临… Ⅱ.①钟… ②王… Ⅲ.①临床医学—手
册 Ⅳ.①R4-62
中国版本图书馆 CIP 数据核字（2013）第 130196 号

出　版：军事医学科学出版社
地　址：北京市海淀区太平路 27 号
邮　编：100850
联系电话：发行部：（010）66931049
　　　　　编辑部：（010）66931039，66931104，66931053
传　真：（010）63801284
网　址：http：//www.mmsp.cn
印　装：北京长阳汇印刷厂
发　行：新华书店

开　本：880mm×1230mm　1/32
印　张：3
字　数：78 千字
版　次：2013 年 11 月第 1 版
印　次：2013 年 11 月第 1 次
定　价：20.00 元

《临床技能模拟训练手册》

参编人员名单

主编　钟春玖　王莉英

参编　姚晨玲　施东伟

前言

临床医学是一门科学性、实践性很强的学科。由于医学伦理的发展及病人自我保护意识的加强等问题，当代医学生实际接触病人并且进行技能操作训练的机会越来越少；未经诊疗技能培训的医学生直接接触病人，或直接在病人身体上进行诊疗操作训练存在医疗安全隐患，而且也有悖于“医者仁术”的道德规范。然而，传统医学课程设置常容易使书本知识学习与临床诊疗技能操作脱节且缺少系统规范的临床技能培训，其缺陷在新时代下日显突出，限制了临床医学教学质量的提高。

在临床技能学习（或培训）中心采用现代的模拟教学方法可以极大地弥补传统医学教学的不足，改善临床教学和技能实践的条件，消除理论教学与临床实践之间的沟壑，从而为医学生技能操作训练以及临床思维的培养提供有效、可重复训练的场所与对象支持。复旦大学上海医学院临床技能学习中心建于2003年初，在国内内地高等医药院校中首先开展了临床医学教学改革的模拟教学方法，积累了一定的经验。

为了与同道们共同分享教学改革的成果，进一步推行模拟教学的理念与方法，复旦大学上海医学院临床技能学习中心编写这本“临床技能模拟训练手册”。本书共分三章，内容

包括急救技能模拟训练指南、临床常用诊疗技能模拟训练指南和临床常用诊断工具使用指南，可作为临床医学专业学生“临床诊断基本技术操作”必修课程以及“基本生命支持技能培训”选修课或其他相关模拟教学的实验指导用书，使学生能够更好地掌握各种临床技能操作，为其今后实际接触病人、进行规范临床操作打下扎实的基础。

临床技能模拟教学才刚刚起步，方兴未艾，有许多新的问题有待研究和探索。希望复旦大学上海医学院临床技能学习中心这一有益的尝试能够得到更多同道们的支持，也能够得到医学生的反馈信息，中心欢迎大家提出宝贵意见，使本手册日臻完善。

钟春玖

目 录

第一章

急救技能模拟训练指南

第一节 成人基本生命支持简化流程

《2010美国心脏协会心肺复苏及心血管急救指南》较2005指南相比，有关成人心肺复苏的主要问题做了些更改，概要如下：

1. 建立了简化的通用成人基本生命支持（basic life support，BLS）流程（图1）。

2. 对根据无反应的症状立即识别并启动急救系统，应该快速检查是否没有呼吸或不能正常呼吸（即无呼吸或仅仅是喘息），从流程中去除了“看、听和感觉呼吸”。

3. 继续强调高质量的心肺复苏（以足够的速率和幅度进行按压，保证每次按压后胸廓回弹，尽可能减少按压中断并避免过度通气）。

4. 更改了单人施救者的施救程序，即先开始胸外按压，然后进行人工呼吸（C-A-B而不是A-B-C）。单人施救者应

首先从进行 30 次按压开始心肺复苏，而不是进行 2 次通气，这是为了避免延误首次按压。

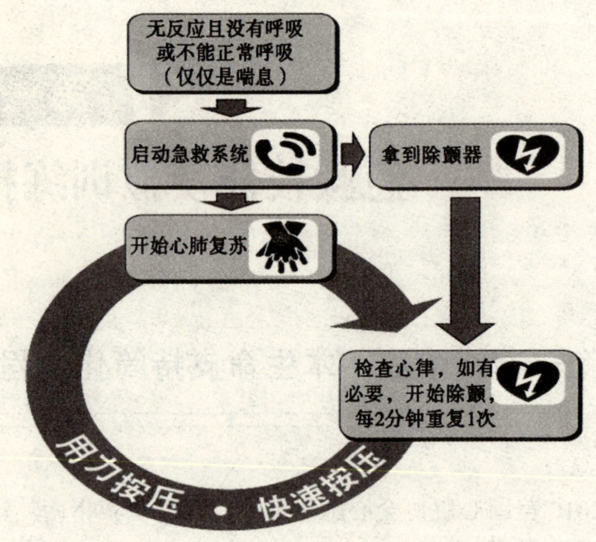

图 1　成人基本生命支持简化流程

5. 按压速率应为每分钟至少 100 次（而不是每分钟“大约”100 次）。

6. 成人按压幅度已从 4～5cm 的范围更改为至少 5cm。

第二节　成人基本生命支持

现代 BLS 的概念包括心肺复苏（cardio pulmonary resuscitation，CPR）和自动体外除颤（automated external defibrillation，AED）。

一、心搏/呼吸骤停的判断与最初的处理

患者突发意外
心搏和（或）呼吸骤停
判断患者反应
启动急救医疗服务系统（EMSS）
准备除颤仪（自动体外除颤仪 AED）
开始基本生命支持（BLS）的 CAB

（一）患者突发意外的原因

最常见原因包括呼吸骤停和心搏骤停。

呼吸骤停：很多原因可造成呼吸骤停，包括溺水、卒中、气道异物阻塞、吸入烟雾、会厌炎、药物过量、电击伤、窒息、创伤，以及各种原因引起的昏迷。

心搏骤停：除了上述能引起呼吸骤停并进而引起心搏骤停的原因外，还包括急性心肌梗死、严重的心律失常，如室颤，重型颅脑损伤，心脏或大血管破裂引起的大失血，药物或毒物中毒，严重的电解质紊乱（如高血钾或低血钾）等。

（二）紧急判断患者反应

当目击者如非医务人员，应立即拍或轻轻晃动患者肩部，并大声喊道："喂，你怎么了？"患者如没有呼吸、不咳嗽、对刺激无任何反应（如眨眼或肢体移动等），即可判定呼吸/心搏停止，并立即开始 CPR。

（三）启动 EMSS

呼叫周围人前来协助抢救，并拨打急救电话后立即开始 CPR。对溺水、严重创伤、中毒应先进行 CPR 再电话呼救，并由医师在电话里提供初步的救治指导。如果有多人在场，启动 EMSS 与 CPR 应同时进行。如果仅有一个医务人员，面对淹溺或其他窒息（主要是呼吸）引起的心脏骤停任何年龄患者，施救者应先给 5 周期 CPR（约 2 分钟），再去启动 EMSS。

（四）检查脉搏

鉴于非专业施救者对判断有无脉搏存在困难，即便是专业人员也往往耗时太长，因此，心肺复苏 2010 指南不建议非专业施救者检查脉搏，当患者无反应且没有呼吸或不能正常呼吸时即可假定为心脏骤停；专业人员在检查脉搏时不应超过 10 秒，如不能确定，即应开始胸外按压。

（五）患者的体位

仰卧位：必须使患者仰卧在坚固的平（地）面上，将双上肢放置身体两侧，如要将患者翻转，颈部应与躯干始终保持在同一个轴面上，如果患者有头颈部创伤或怀疑有颈部损伤，只有在绝对必要时才能移动患者，对有脊髓损伤的患者不适当的搬动可能会造成截瘫。

恢复体位（侧卧位）（recovery position，RP）：对无反应，但已有呼吸和循环体征的患者，应采取恢复体位。因为如患者继续取仰卧位，其舌体、黏液、呕吐物有可能梗阻气道，采取侧卧位后可预防此类情况。

二、BLS 的操作技术

C：以 30 次胸外按压开始 CPR
- 将人工呼吸与胸外按压结合，30 次按压再进行 2 次通气
- 5 个周期后分析心律

A：开放气道
B：给 2 次人工呼吸

（一）Circulation：循环支持

根据心肺复苏 2010 指南，要求采用“首先进行胸外按压”的新程序，在成人无反应或无正常呼吸时实施心肺复苏。心肺复苏程序从按压开始（C-A-B 程序）。所以，检查是否发生心脏骤停的同时应快速检查呼吸，为了避免第一次胸外按压的延误，取消了心肺复苏程序中的“看、听和感觉呼吸”。完成第一轮胸外按压后，进行气道开放，施救者进行 2 次人工呼吸。

1. 闭式胸外按压

（1）寻找固定的胸外按压位置：

1）固定恰当的按压位置，用手指触到靠近施救者一侧、患者的胸廓下缘；

2）手指向中线滑动，找到肋骨与胸骨连接处；

3）将另一手掌贴在患者胸骨的中下 1/3 交界处，原位于肋骨与胸骨连接处一手的手掌重叠放在这只手背上，手掌根部长轴与胸骨长轴确保一致，不要按压剑突；

4）手指无论是伸直，还是交叉在一起，都应离开胸壁。

（2）有效按压的标准

1）肘关节伸直，上肢呈一直线，双肩正对双手，以保证每次按压的方向与胸骨垂直。

2）成人按压幅度至少为 5cm，为达到有效的按压，可根据患者的体形大小增加或减少按压幅度，最理想的按压效果是可触及颈或股动脉搏动。

3）在一次按压周期内，按压与放松时间应为 1∶1。

4）按压速率至少为 100 次/分，每按压 30 次，行 2 次通气，即按照 30∶2 的按压/通气周期进行。成人、儿童和婴儿的关键基本生命支持步骤及单人或双人施救要求见图 2。

（二）Airway：气道开放

如无颈部创伤，可采用仰头抬颏法开放气道；如怀疑有头颈部创伤，建议用推举下颌法，以避免颈部动作而加重颈部损伤。开放气道同时注意清除患者口中的异物和呕吐物。

1. 仰头抬颏法：患者取仰卧位，操作者站在患者一侧，为完成仰头动作，应把一只手放在患者前额，用手掌把额头用力向后推，使头部向后仰，另一只手的手指放在下颏骨处，向上抬颏，使牙关紧闭，下颏向上抬动时应注意勿用力压迫下颏部软组织，否则有可能造成气道梗阻，避免用拇指抬下颏。

2. 推举下颌法：患者取仰卧位，操作者站在患者头侧，把手放置在患者头部两侧，肘部支撑在患者躺的平面上，握紧下颌角，用力向上托下颌，如患者紧闭双唇，可用拇指把口唇分开。如果需要进行口对口呼吸，则将下颌持续上托，用面颊贴紧患者的鼻孔。一般此法用于怀疑有颈椎损伤的患者，但如果推举下颌法无法开放气道，则应采用仰头抬颏法，

因为 CPR 中维持有效的气道保证通气最重要。

<table>
<tr><td rowspan="2">内容</td><td colspan="3">建议</td></tr>
<tr><td>成人</td><td>儿童</td><td>婴儿</td></tr>
<tr><td rowspan="3">识别</td><td colspan="3">无反应（所有年龄）</td></tr>
<tr><td>没有呼吸或不能正常呼吸（即仅仅是喘息）</td><td colspan="2">不呼吸或仅仅是喘息</td></tr>
<tr><td colspan="3">对于所有年龄，在 10 秒内未扪及脉搏（仅限医务人员）</td></tr>
<tr><td>心肺复苏程序</td><td colspan="3">C-A-B</td></tr>
<tr><td>按压速率</td><td colspan="3">每分钟至少 100 次</td></tr>
<tr><td>按压幅度</td><td>至少 5cm</td><td>至少 1/3 前后径
大约 5cm</td><td>至少 1/3 前后径
大约 4cm</td></tr>
<tr><td>胸廓回弹</td><td colspan="3">保证每次按压后胸廓回弹
医务人员每 2 分钟交换一次按压职责</td></tr>
<tr><td>按压中断</td><td colspan="3">尽可能减少胸外按压的中断
尽可能将中断控制在 10 秒钟以内</td></tr>
<tr><td>气道</td><td colspan="3">仰头提颏法（医务人员怀疑有外伤：推举下颌法）</td></tr>
<tr><td>按压一通气比率(置入高级气道之前)</td><td>30∶2
1 或 2 名施救者</td><td colspan="2">30∶2
单人施救者
15∶2
2 名医务人员施救者</td></tr>
<tr><td>通气：在施救者未经培训或经过培训但不熟练的情况下</td><td colspan="3">单纯胸外按压</td></tr>
<tr><td>使用高级气道通气（医务人员）</td><td colspan="3">每 6～8 秒 1 次呼吸(每分钟 8～10 次呼吸)。
与胸外按压不同步，大约每次呼吸 1 秒时间
明显的胸廓隆起</td></tr>
<tr><td>除颤</td><td colspan="3">尽快接并使用 AED。尽可能缩短电击前后的胸外按压中断：每次电击后立即从按压开始心肺复苏</td></tr>
</table>

图 2　成人、儿童和婴儿的关键基本生命支持步骤

3. 气道异物梗阻（foreign body airway obstruction，FBAO）的识别和处理：气道完全梗阻是一种急症，如不及时治疗，数分钟内就可导致死亡。无反应的患者可能由内在因素（舌、会厌）或外在因素（异物）导致气道梗阻。舌后坠或会厌均可阻塞气道开口、造成气道梗阻，这是意识丧失和心搏呼吸停止时上呼吸道梗阻最常见的原因。头面部损伤的患者，特别是意识丧失患者，血液和呕吐物可堵塞气道，

发生气道梗阻。气道异物梗阻（FBAO）的识别和处理将在下一节详述。

（三）Breathing：给予 2 次人工呼吸

若发现患者无呼吸或不能正常呼吸，在实施 30 次胸外按压和开放气道后，应立即实施人工通气。

1. 口对口呼吸：是一种快捷有效的通气方法，吹入气体中的氧气（含 16%～17%）足以满足患者需求。人工呼吸时，要确保气道通畅，应捏住患者的鼻孔，防止漏气，急救者用口唇把患者的口全罩住，呈密封状，缓慢吹气，每次吹气应持续 1 秒以上，确保吹气时胸廓抬起，通气频率应为 10～12 次/分，婴儿和儿童应为 12～20 次/分。开始人工通气次数为两次，口对口人工呼吸常导致胃胀气、胃内容物反流致误吸和吸入性肺炎，因而应注意缓慢吹气，对大多数成人在吹气持续时间为 1 秒以上、潮气量 500～600ml（6～7ml/kg）应该足够氧合，并且减少吹气时气道压峰压水平，降低气道压力。

2. 口对鼻呼吸：口对口呼吸难以实施时应推荐采用口对鼻呼吸，尤其是患者牙关紧闭不能开口、口唇创伤时。救治溺水者最好应用口对鼻呼吸方法，因为救治者双手要托住溺水者的头和肩膀，只要患者头一露出水面即可行口对鼻呼吸。

3. 口对面罩呼吸：用透明有单向阀门的面罩，急救者可将呼气吹入患者肺内，避免与患者口唇直接接触，有的面罩有氧气接口，以便口对面罩呼吸的同时供给氧气。用面罩通气时双手把面罩紧贴患者面部，加强其闭合性则通气效果更好。口对面罩通气时有两种方法，一种是头位法，操作者位于患者头顶部，利于观察患者胸部起伏。托下颌时多用此法。

另一种方法是操作者位于患者头一侧，仰头抬颏时多用此法，尤其是单人进行 CPR 时。

4. 球囊面罩装置：使用球囊面罩可提供正压通气，一般球囊充气容量约为 1000ml，每次挤压 1L 球囊容积的 1/2～2/3 就足以使肺充分膨胀。但单人操作易发生挤压气囊面罩周围漏气，以及挤压皮囊不够充分而出现通气不足。双人复苏时，一人压紧面罩，另一人挤压皮囊，效果较好。

三、Defibrillation：除颤与除颤方法

进行除颤（电击 1 次）

（一）早期除颤的意义

早期除颤在复苏中的意义十分重要，现已将其作为 BLS 的一部分。因为：

1. 引起心搏骤停最常见的致命性心律失常是室颤，在发生心搏骤停的患者中约 80%为室颤。

2. 室颤最有效的治疗是电除颤。

3. 除颤成功的可能性随着时间的流逝而减少或消失，除颤每延迟 1 分钟其成功率将下降 7%～10%。

4. 室颤可能在数分钟内转为心脏停止。因此，早期电除颤应作为标准 EMSS 的急救内容，争取在院前心搏骤停发生后 5 分钟内完成电除颤。

由于医院使用的除颤设备难以满足院外现场急救的要求，20 世纪 80 年代后期出现 AED，为早期除颤提供了有利条件，AED 使复苏成功率提高了 2～3 倍，对可能发生室颤

危险的危重患者实行 AED 的监测，有助于及早除颤复律。

（二）AED

AED 由自动心脏节律分析和电击咨询系统两部分构成，后者可建议实施电击，而由操作者按下“SHOCK”按钮，即可行电除颤。全自动 AED 不需要按“SHOCK”按钮。AED 只适用于无反应、无呼吸和无循环体征的患者。对于无循环体征的患者，无论是室上速、室速还是室颤都有除颤指征。

目前 AED 有两类除颤波形：单相波和双相波，不同的波形对能量的需求有所不同。

单相波形电除颤：首次电击能量 200J，第二次为 200～300J，第三次为 360J。

双相波电除颤：早期临床试验表明，使用 150J 可有效终止院前发生的室颤。低能量的双相波电除颤是有效的，而且终止室颤的效果与高能量单相波除颤相似或更有效。《国际心肺复苏指南 2000》提出应进行连续 3 次能量递增的除颤，而《国际心肺复苏指南 2005》作出修正，推荐仅进行 1 次除颤，随后 2 分钟 5 周期 CPR，以尽量缩短胸外按压的停顿时间。《国际心肺复苏指南 2010》仍支持单次电击除颤方案，因为如果 1 次电击不能消除心室颤动，再进行一次电击的递增优势很小；与马上再进行一次电击相比，进行心肺复苏可能更有价值。研究也表明，与 3 次电击方案相比，单次电击除颤方案可显著提高存活率。

（三）心血管急救系统与 AED

心血管急救（emergency cardiovascular care，ECC）系统可用“生存链”概括：

1. 早期启动 EMSS。

2. 早期 CPR。

3. 早期电除颤。

4. 早期高级生命支持。

临床和流行病学研究证实，四个环节中早期电除颤是抢救患者生命最关键的一环。早期电除颤的原则是要求第一个到达现场的急救人员应携带除颤器，并实施 CPR。急救人员都应接受正规培训，急救人员行 BLS 同时应实施 AED，这样心脏骤停患者复苏的成功率会较高。使用 AED 的优点包括：人员培训简单，培训费用较低，而且使用时比传统除颤器快。

第三节　气道异物梗阻的识别和处理

一、识别气道异物梗阻

识别气道异物梗阻（FBAO）是抢救成功的关键。因此，与其他急症的鉴别非常重要，这些急症包括虚脱、卒中、心脏病发作、惊厥或抽搐、药物过量以及其他因素引起的呼吸衰竭，其治疗原则不同。异物可造成呼吸道部分或完全梗阻。部分梗阻时，患者尚能有气体交换，如果气体交换良好，患者就能用力咳嗽，但在咳嗽停止时会出现喘息声。只要气体交换良好，就应鼓励患者继续咳嗽并自主呼吸。急救人员不宜干扰患者自行排除异物的努力，但应守护在患者身旁，并监护患者的情况，如果气道部分梗阻仍不能解除，就应启动 EMSS。

FBAO 患者可能一开始就表现为气体交换不良，也可能刚开始气体交换良好，但逐渐发生恶化。气体交换不良的体征包括：乏力而无效的咳嗽，吸气时出现高调噪音，呼吸困难加重，还可出现发绀，要象对待完全气道梗阻一样治疗部分气道梗阻而伴气体交换不良患者，并且必须马上治疗。

气道完全梗阻的体征：患者不能讲话，不能呼吸或咳嗽，可能用双手指抓住颈部，气体交换消失。气道完全梗阻时，由于气体不能进入肺内，患者的血氧饱和度很快下降，如果不能很快解除梗阻，患者将丧失意识，甚至很快死亡。

二、解除 FBAO 方法

（一）腹部冲击法（Heimlich 法）

腹部冲击法可使膈肌抬高，气道压力骤然升高，促使气体从肺内排出，这种压力足以产生人为咳嗽，把异物从气管内冲击出来。腹部冲击法用于有意识的患者时，应取立位或坐位，急救者站在患者身后，双臂环绕着患者腰部，一手握拳，握拳的拇指侧紧抵患者腹部，位置处于剑突下脐上腹中线部位，用另一手抓紧拳头，用力快速向内、向上冲击腹部，并反复多次，直到把异物从气道内排出来。如患者出现意识丧失，也不应停下来，争取将异物排出来。当患者意识失去，应立即启动 EMSS，非专业急救人员应开始 CPR，专业救护人员要继续解除 FBAO。

（二）对无意识 FBAO 患者的解除方法

如果成人气道梗阻，在解除 FBAO 期间发生意识丧失，单人非专业急救人员应启动EMSS（或让他人去启动EMSS），并开始 CPR。事实上，胸部按压有助于无意识患者解除FBAO。

第四节 特殊情况下的 CPR

一、卒中

卒中是脑血管阻塞或出血引起的疾病，近75%的患者是缺血：由在血管内发生的或由远处转移来的栓子（如心脏）迁移到脑所引起的血管阻塞；出血性卒中是脑血管破裂进入脑室膜系统（蛛网膜下腔出血）或进入脑实质（脑内出血）。

对于任何一个突发的有局灶性神经功能损伤或意识变化者都要怀疑有卒中的可能。如果出现昏迷状态，气道梗阻是急性卒中的最大问题，因为低氧和高碳酸血症可以加重卒中，因此，开放气道是最为关键的措施，必要时行气管内插管，同时要注意避免不适当的通气或误吸。

二、低温

严重低温（体温＜30℃）有明显的脑血流与耗氧量下降、心排量下降、动脉压下降，患者由于脑和血管功能抑制，表现为临床死亡，但完整的神经功能恢复是可能的。

电除颤：如果患者无呼吸，首先开始通气，如果心室颤动（VF）被确诊，急救人员要给予3次电除颤。如果VF在除颤

后仍存在，就不要再除颤了，除非体温达到30℃以上。之后要立即 CPR 和复温。因为核心体温<30℃，电除颤往往无效。

复温：由低温引起的心搏停止与常温下心脏骤停的治疗方法不同。低温心脏对药物、起搏刺激、除颤无反应，药物代谢减少。肾上腺素、利多卡因、普鲁卡因酰胺可以积蓄中毒。对无心搏或无意识而心率较慢的患者给予主动的中心复温是第一步的医疗措施。

三、溺水

溺水最严重的后果就是低氧血症，缺氧时间的长短是预后的关键。因此，恢复通气和灌注要尽快同时完成。

溺水早期治疗包括：口对口呼吸，使用潜水面罩，口对面罩呼吸通过浮力帮助可由经特殊训练的复苏者在水中完成通气。胸外按压：水中不要进行胸外按压，除非受过特殊训练。出水后，要立即确定循环情况，因为溺水者外周血管收缩，心排血量降低，很难触及脉搏。无脉搏时，须立即胸外按压。

立即给予进一步高级生命支持。在往医院路上 CPR 不能中断，对冷水溺水者同时要做好保温措施。

四、创伤

受伤后患者发展到心搏/呼吸停止的治疗与原发心脏和（或）呼吸骤停的治疗不同。

在现场对明显严重致死性创伤，无生命体征、无光反射或不能除颤者，不要进行复苏抢救。

对一个要进行复苏的患者，有准备、快速地运送到有条件地方进行确定性创伤救治。创伤后无脉搏患者要立即使用简易导联的心电监测，并完成通气和呼吸评价。

对创伤后发生心搏停止，胸外按压的价值仍不确定。

对无脉搏的创伤患者，胸外按压只有在除颤和保持气道通畅之后才可进行。

在开放的胸部伤，如果呼吸音不对称或出现任何气道阻力增加时，要仔细检查和封闭任何形式的开放性气胸，要监测和治疗张力性气胸。

如上述原因的创伤患者发展到心搏停止时，要立即开始确定性治疗。有心室颤动患者需要即时除颤，必要时行气管插管或切开。

当多人受伤时，急救人员要优先治疗危重创伤患者，当数量超过急救系统人员力量时，无脉搏者一般被放弃，允许在院前宣布死亡。

五、电击

心搏停止是电击伤致死的首要原因，室颤和室性停搏可由电击直接造成。

呼吸停止可继发于：①电流经过头部引起延髓呼吸中枢抑制；②触电时膈肌和胸壁肌肉的破伤风样强直抽搐；③长时间的呼吸肌瘫痪。

触电后呼吸/循环功能衰竭者的复苏：在电源被移去后，复苏者立即确定患者状态。如果无自主循环及呼吸，就按本指南开始急救。如果电击发生在一个不易迅速接近的地点，尽快把触电者放到地面，心搏停止时要立即通气和胸外按压。燃烧

的衣服、鞋、皮带要去除，避免进一步的烧伤。如果有任何的头颈部损伤，及时运送医院并进行高级生命支持（ACLS）。

六、雷击

雷击致死的基本原因是心脏停搏。雷电的作用为瞬时强大的直流电击，当即心肌全部去极化，并引起心脏停搏。在许多情况下，心脏的自律性可恢复，同时窦性心律恢复。然而，伴随着胸部肌肉痉挛的呼吸停止和呼吸中枢抑制可在自主循环恢复后持续存在，如果不给予辅助通气支持，低氧可以再度引起心脏停搏。

心搏停止的患者，BLS 和 ACLS 要立即建立，直到心脏恢复搏动。呼吸停止的患者仅需要通气以避免继发低氧血症引起的心搏停止。

七、怀孕

由于孕期妇女心血管和呼吸生理的变化，即正常妊娠时心排量、血容量增加 50%，心率、每分钟通气量、氧耗增加；肺功能残气量、全身和肺血管阻力、胶体渗透压、胶体渗透压/肺毛细血管楔压均下降；这些紊乱使孕妇对损伤易感、耐受力下降。当仰卧时，子宫可压迫内脏血管、腔静脉、腹主动脉，引起低血压和心排量下降 25%。因此，孕期妇女的 CPR 是独特的。

孕期妇女心搏停止的突发事件包括：肺栓塞、创伤、临产、出血导致的低血容量状态、羊水栓塞、先天性或获得性心脏病、产科治疗并发症（包括心律失常、充血性心力衰竭和心肌梗死等)。

当孕期妇女发生心脏停搏进行胸外按压时，为了减少妊娠子宫对静脉和心排量的影响，可以将一个垫子（如枕头）放在右腹部侧方、臀部下面，使子宫移到左侧腹部后方实施CPR。肾上腺素、去甲肾上腺素、多巴胺在临床有指征时应及时使用。

如果胎儿有潜在成活的可能性，要考虑迅速完成产科手术术前准备。如果首先要CPR，应向左移动，使子宫恢复血容量，持续使用ACLS程序。不能恢复有效循环时，应在4～5分钟之内紧急剖腹产术，以增大母亲和婴儿的生存机会。婴儿的娩出可以排除动脉压迫和允许静脉回流入心脏，有利于CPR的成功。

第五节　BLS中的并发症与注意点

一、合并症和主要注意点

即使正确实施CPR，也可能出现合并症，但不能因为害怕出现合并症，而不尽最大努力去进行CPR。

(一)人工呼吸

过度通气和过快的通气易诱发胃扩张、胃内容物反流导致误吸和窒息等合并症。

注意点：

1. 维持气道通畅、限制通气容量，每次吹气 700～

1000ml。

2. 如果出现胃内容物反流，应将患者侧卧位，清除口内反流物后，再使患者平卧，继续 CPR。

3. 有脉搏无呼吸者，每 5 秒吹气一次（10～12 次/分）。

4. 有创气道建立前胸外按压/通气比 30∶2，有创气道建立后胸外按压 100 次/分，通气 12 次/分，此时无需停止胸外按压再通气，可同时进行。

（二）胸外按压

合并症包括胸骨骨折、肋骨从胸骨分离、气胸、血胸、肺挫伤、肝脾撕裂伤和脂肪栓塞。

注意点：

1. 手的按压位置要正确。

2. 用力要均匀有力，不能冲击式按压。

3. 按压者肘部应伸直，用力垂直。

4. 每次按压后，双手放松使胸骨恢复到按压前的位置，放松时双手不要离开胸壁。

5. 按压者除手掌贴在胸骨外，手指不应压在胸壁上。

（三）脑死亡的判断

CPR 后，如呼吸未恢复并有瞳孔散大、四肢无肌张力、无任何反射活动、脑电图无电活动征象，考虑判断为脑死亡。

（四）终止心肺复苏的指征

凡来诊患者心脏骤停、呼吸停止行心肺复苏已历时 30 分钟者，而出现下列情形是终止心肺复苏的指征：

1. 瞳孔散大或固定。

2. 对光反射消失。

3. 呼吸仍未恢复。

4. 深反射活动消失。

5. 心电图成直线。

第六节　心肺复苏模型使用指南

一、GD/CPR300S-A 高级自动电脑心肺复苏训练模拟人

1. 胸外按压

(1) 按压位置：首先找准胸部正确位置，即胸骨下切迹上两指胸骨正中部（胸口剑突向上两指处或胸部正中乳头连线水平处）为正确按压区，双手交叉叠在一起、手臂垂直于模拟人胸部按压区进行胸外按压（图 3）。

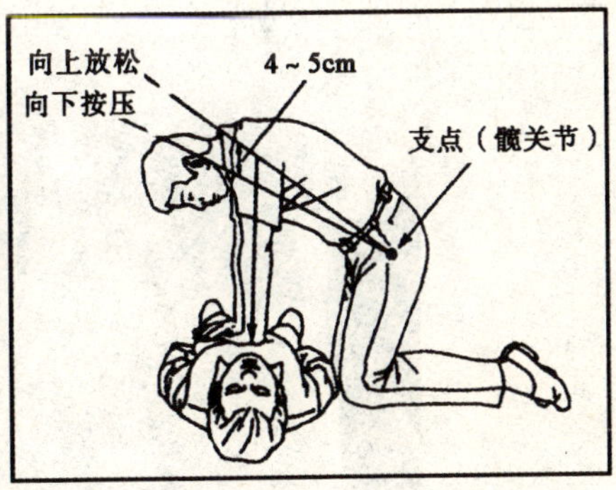

图 3　胸外闭式按压位置模拟图

正确按压位置：按压区域正确时，显示器绿色数码灯显

示（图 4）。

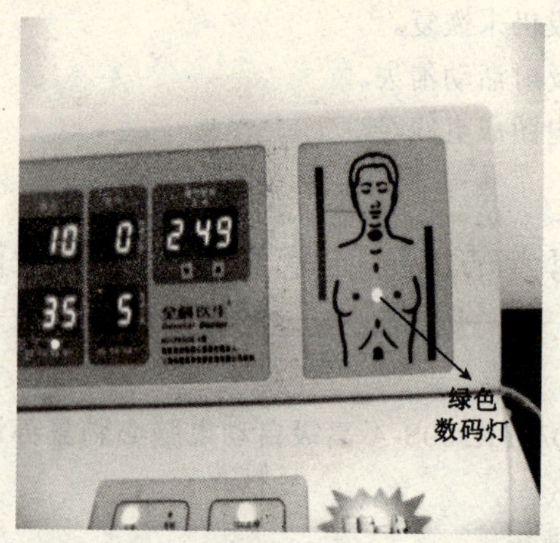

图 4　绿色数码灯亮表示按压位置正确

错误按压位置：按压区域错误时，显示器黄色数码灯显示并有“咚”声报警提示（图 5）。

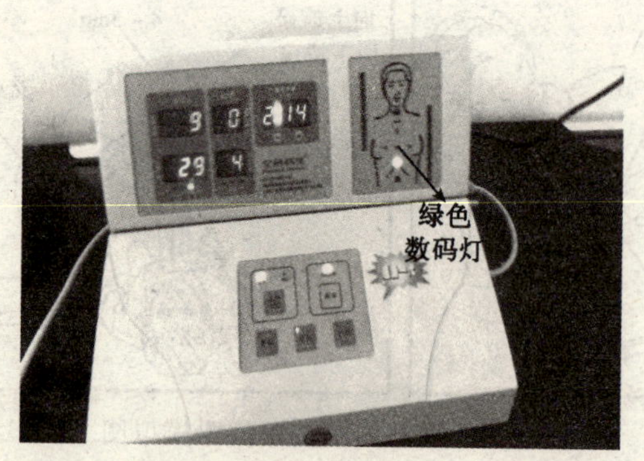

图 5　黄色数码灯亮表示按压位置不正确

（2）按压强度

1）正确胸外按压深度为 5cm，显示器上的正确按压强度信息反馈由条形动态数码显示为黄色区域至绿色区域。

2）错误按压强度，按压的深度小于 5cm，显示器上的按压不足信息反馈由条形动态数码显示为黄色区域，并有“滴”一声报警提示。

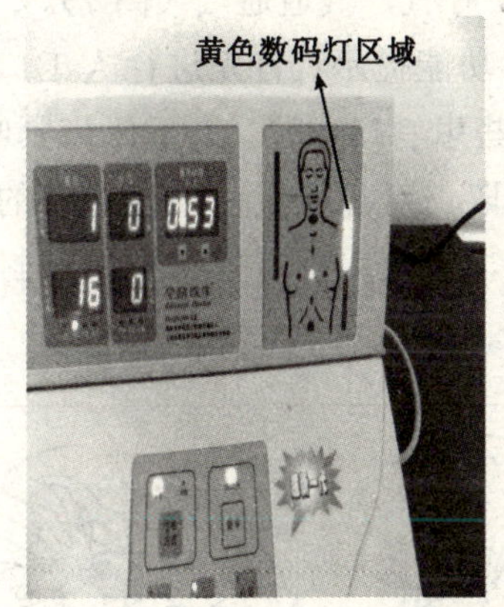

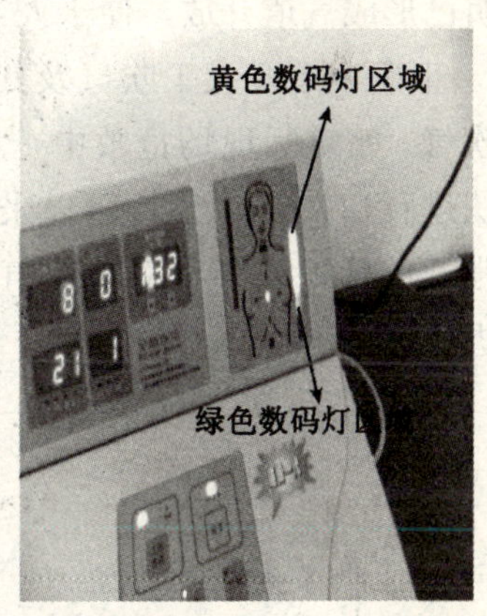

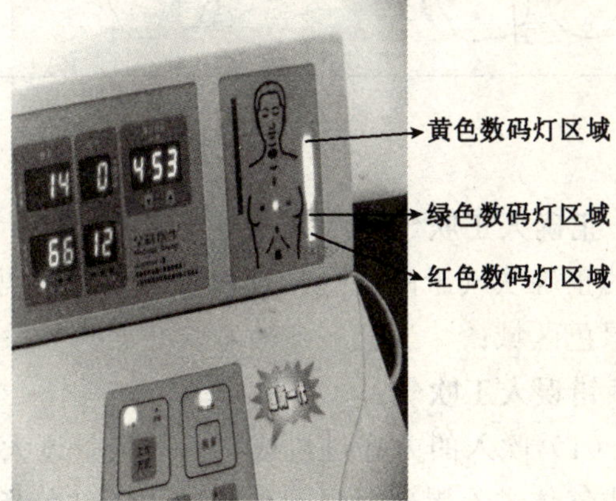

图 6　黄、绿、红色显示灯分别表示不同按压强度，绿色为正常

3）错误按压强度，按压的深度大于 5cm，显示器上的按压过大的信息反馈由条形动态数码显示为黄色区域至绿色区域再至红色区域，并有“滴、滴”两声警报提示。

2. 气道开放：将模拟人平躺仰卧，操作时，操作人一只手两指捏鼻，另一只手伸入后颈或下颏将头托起往后仰与水平面形成70°～90°角，显示器上颈部气道开放绿色指示灯亮起显示，说明已形成气道开放，便于人工呼气，气道通气（图 7）。

正确、错误人工吹气及其功能提示：首先进行人工口对口吹气。如实际现场抢救中一些患者口闭紧，上下牙齿紧咬，无法进行口对口吹气，可以采取口对鼻吹气；而模拟人的口是张开的，如操作口对鼻吹气，必须用手将模拟人的口封住再进行口对鼻吹气操作。

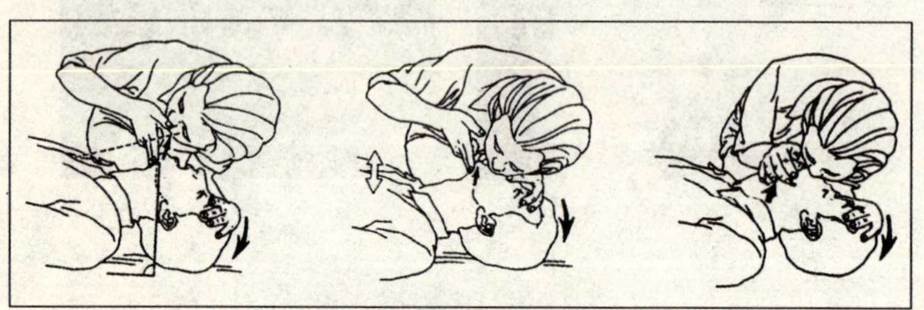

图 7 口对口通气模拟图

正确人工吹气：吹入潮气量达到 500～1000ml，显示器上的正确吹气量的信息反馈由条形动态数码显示由黄色区域到绿色区域；

错误人工吹气：

（1）吹入的方式过快或吹入潮气量过大，超过 1000ml，造成气体进入胃部，显示器上的胃部红色指示灯显示亮起，并有“咚”一声报警提示。

（2）吹气量不足吹入的潮气量少于 500ml，信息反馈由条形动态数码显示为黄色区域，并有“滴”一声报警提示。

（3）错误人工吹气，吹气量过大吹入的潮气量大于1000ml，信息反馈由条形动态数码显示为黄色区域至绿色区域再至红色区域，并有“滴、滴”两声报警提示。

二、GD/J5S 电子人体气管插管训练模型

1. 插管前准备

（1）检查喉镜：喉镜片与镜柄已经正确卡接，镜前灯已亮起。

（2）检查导管套管：用注射器向导管前端的套囊充气，确定套囊没有漏气，然后抽空套囊。

（3）用纱布蘸润滑油涂抹导管头端及套囊表面以便于导管滑动。

2. 将模拟人仰卧，上抬下颌、头颈后仰，使口、咽、气管基本重叠于一条轴线。

3. 操作者立于模拟人头端，左手持喉镜，使带照明的喉镜呈直角倾向喉头，将喉镜片顺舌背深入舌根，稍稍上提喉镜，看到会厌边缘后，将喉镜片前端置于会厌与舌根交界处，然后上提喉镜，即可看到声门（图 8，图 9）。

4. 暴露声门后，右手拿导管，将其前端对准声门，顺势轻柔地将导管插入气管，导管插过声门 1cm 左右，然后继续旋转插入气管，成人 4cm，小儿 2cm 左右。一般成人经口气管插管深度为 22～24cm（插管长度可根据患者情况而定）。

5. 如果导管正确插入气管，显示器亮起绿色指示灯并奏响音乐声，充气将使双肺膨胀；如果导管错误插入食管，显

示器亮起黄色指示灯并有“滴、滴”报警声提示，充气将使胃膨胀。

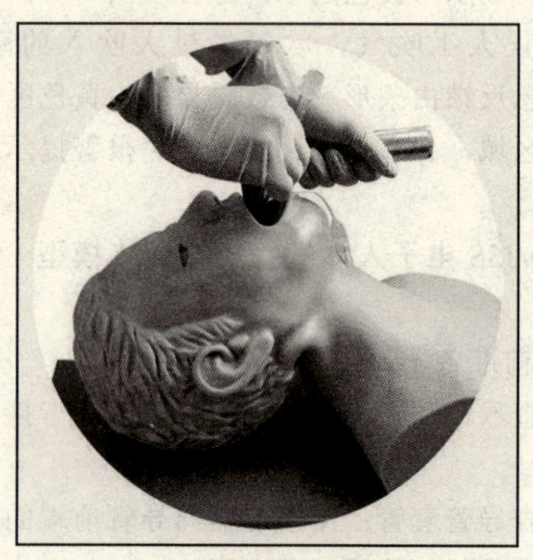

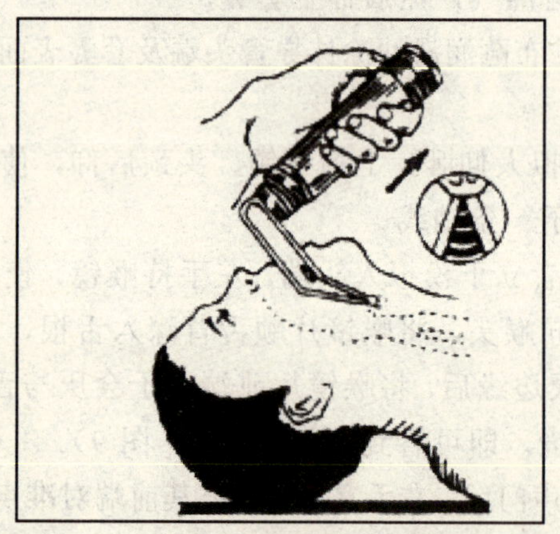

图8 喉镜操作示意图

6. 证实导管已准确插入气管后，用长胶布妥善固定导管和牙托。

7. 用注射器向套囊注入适量空气，套囊充气可使导管与气管壁密闭，以免机械呼吸器在向肺内送气时漏气，也可防止呕吐物、分泌物等倒流至气管内。

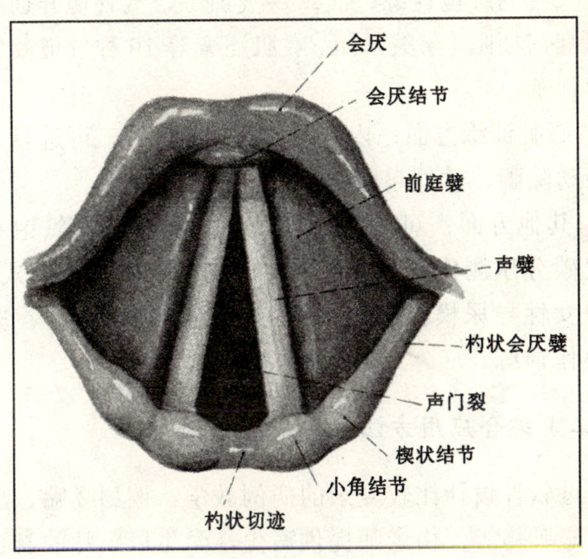

图 9 喉腔的喉镜所见

8. 用注射器抽空套囊，拔出插管。

9. 如果喉镜使用不当而使牙齿受压，显示器亮起牙齿受压的红色指示灯并有“滴、滴”报警声提示。

三、Simman 综合模拟人（38000）

该模拟人可根据需要模拟各种生理或病理情况，使学生达到不同的学习目的。

（一）综合模拟人的单项操作在技能教学中的应用

Simman 综合模拟人除了可以模拟正常和异常的生命体

征外，应用在教学中主要有以下的操作技能：

1. 气道技能训练方面：如口咽部和鼻咽部的气管插管训练、支气管光纤镜训练、面罩供气训练、气管切开训练，并可模拟咽部梗阻、牙关紧闭、喉肌痉挛等10种气道并发症及其处理训练。

2. 心脏训练方面：内置心电图2500种，可进行自动除颤、手动除颤、体外起博等训练。

3. 其他方面：可以进行生命体征测定、血氧饱和度、二氧化碳分压测定、心肺复苏、气胸穿刺、胸腔闭式引流、男性和女性导尿模拟、外周静脉穿刺、肌内注射、皮下注射等操作训练。

（二）综合应用方法

通过软件设计比较复杂的病例教学，例如哮喘、房颤、室颤等心脏病等。由老师提供病史，学生以医师的身份根据自己所掌握的基础知识检查患者、作出诊断、开出医嘱或组织抢救、连接心电监护、吸氧、建立静脉通路、用药等。可设置不同的病情变化状态，如突然出现呼吸停止或心脏骤停等，训练学生CPR、ACLS以及气管插管、气道管理等急救技能。通过设置，可以让学生逼真地观察到急救后的结局：急救措施正确、患者转危为安，急救措施错误、患者病情恶化。以提高学生学习兴趣。

此外，对相同或不同急救场景的反复训练可以最大限度地保障学习效果。

模拟病例1：男，55岁，有长期吸烟史。由于严重的慢性阻塞性肺部疾病（chronic obstructive pulmonary disease，COPD），过去2年内曾13次住院。昨天因“咳嗽加剧，发热”以“肺炎”再次入院。因呼吸困难并迅速恶化，常规治疗无效故收住 ICU。

学习目的：掌握识别呼吸困难的紧急状态并能在 3 分钟内作出气管插管的决定。如果患者气道阻塞，必须进行环甲膜切开术。大多数 COPD 患者在麻醉之后会出现低血压反应，必须注意识别并处理。

模拟病例 2：女，28 岁，初孕妇，孕 36 周，先兆子痫。胎心音弱，需要紧急进行剖宫产。

学习目的：①记住先给予吸氧；②识别困难插管状态，使患者保持清醒或使用面罩通气情况下立即进行剖宫产；③如果无法插管，必须进行环甲膜切开术。

模拟病例 3：男性，48 岁，突发晕厥，意识丧失，无抽搐，心电图提示二度Ⅱ型房室传导阻滞。

学习目的：掌握心动过缓（窦性心动过缓，二度Ⅰ型房室传导阻滞，二度Ⅱ型房室传导阻滞）的识别和处理，以及起搏器的使用。

模拟病例 4：男，19 岁，突发一侧胸痛，既往病史无特殊。

学习目的：掌握气胸的识别和处理，呼吸次数＜10 次/分时需进行辅助呼吸。

模拟病例 5：男，45 岁，吸烟 2 包/天，无过敏史，有儿童哮喘史，发作持续 45 分钟，沙丁胺醇吸入治疗。

学习目的：掌握哮喘持续状态的识别和处理，ACLS 技能，室颤的识别。

模拟病例 6：男，80 岁，主诉上腹部疼痛。疼痛非游走性，持续数小时。

学习目的：掌握通过药物、吸氧、心电监护评估和处理患者。

模拟病例 7：男，48 岁，曾因肿瘤行脑室切除术。无法进行插管，故拟进行清醒状态下纤维支气管镜引导下气管插管。

学习目的：熟悉在适当情况下进行清醒患者纤维支气管镜引导下气管插管。

模拟病例 8：一名患者在医院的自助餐厅食用色拉时突然站起来将手卡住喉咙。餐厅工作人员意识到他被噎住了，并迅速给予 Heimlich 法急救，然后立即送往急诊室。

学习目的：掌握 SpO_2，心电监护，血压，CO_2 排出量、潮气量的监测使用方法。识别困难气道类型并运用正确的困难气道处理法则，以及紧急情况下进行气管插管的训练。

其他情景模拟：如各种困难气道处理及麻醉后、拔管后气道管理等，可以设定以下的气道功能。

- 牙关紧闭。
- 舌肿。
- 咽部阻塞。
- 颈部活动范围减少。
- 喉痉挛。
- 右侧气胸。
- 插管误插入食管后。
- 识别低血容量状况，建立紧急静脉通路。若未建立静脉通路，必须先进行 CPR。
- 当患者发生过敏反应时，将出现困难气道，需要进行外科手术通畅气道。
- 患者手术后出现张力性气胸，掌握气胸减压方法。

第二章

临床常用诊疗技能模拟训练指南

第一节　导尿术

导尿术（urethral catheterization）是各科医师都必须掌握的临床技能。

一、适应证

1. 尿潴留导尿减压。
2. 留尿做细菌培养，包括普通培养和膀胱灭菌尿培养。
3. 泌尿系统手术后及急性肾衰竭记录尿量。
4. 不明原因的少尿、无尿并可疑尿路梗阻者。
5. 膀胱病变，如神经源性膀胱，膀胱颈狭窄时用以测定残余尿量以及膀胱容量和膀胱压力。
6. 膀胱病变诊断不明时，注入造影剂、膀胱冲洗、探测尿道有无狭窄。

7. 盆腔器官术前准备等。

二、操作方法

（一）模型准备

按照患者仰卧位摆好模型，模拟膀胱与输液袋连接好，并排除管腔内空气。

（二）操作步骤

插入导尿管：术者戴无菌手套站于患者右侧，按下列程序操作（图 10，图 11）：

1. 男性导尿时，以左手拇指、示指挟持阴茎，自尿道口向外旋转擦拭消毒数次；女性导尿时，则分开小阴唇露出尿道口，用新洁尔灭棉球，自上而下消毒尿道口与小阴唇。

2. 男性导尿时，左手示指、中指将阴茎提起，右手将涂有无菌润滑油之导尿管慢慢插入前尿道，使其与腹壁成钝角，导尿管深入后尿道及膀胱，导尿管从尿道口插入 15～20cm，外端用止血钳夹闭，将其开口置于消毒弯盘中。女性导尿时，术者分开小阴唇后，从尿道口插入 6～8cm，松开止血钳，尿液即可流出。

3. 需做细菌培养或尿液镜检者，留取中段尿于无菌试管中送检。

拔出导尿管：将导尿管夹闭后再徐徐拔出，以免管内尿液流出污染衣物。如需留置导尿时，应选用适当口径大小的气囊导尿管，气囊内可注气或水 10ml，以防脱出；外端接上留尿无菌塑料袋，挂于床侧。

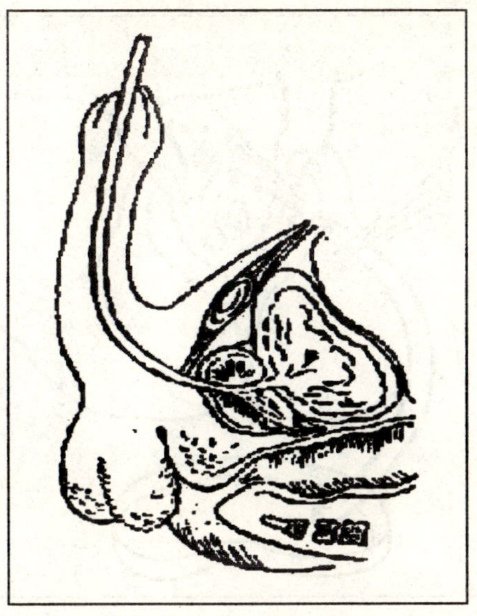

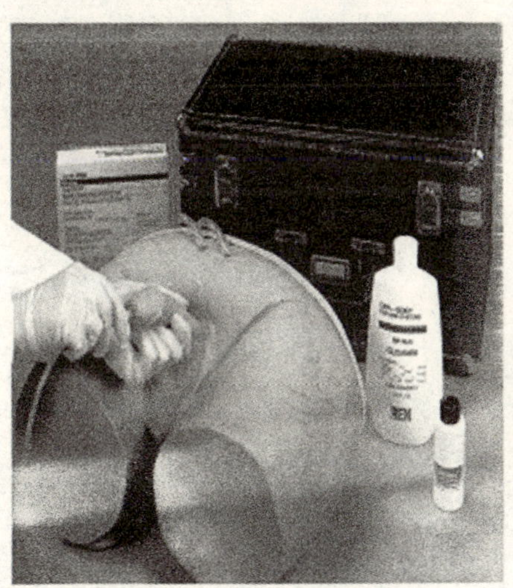

图 10 男性导尿示意图

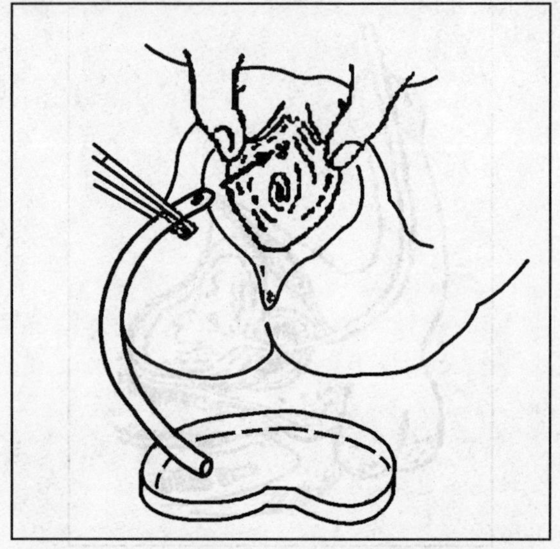

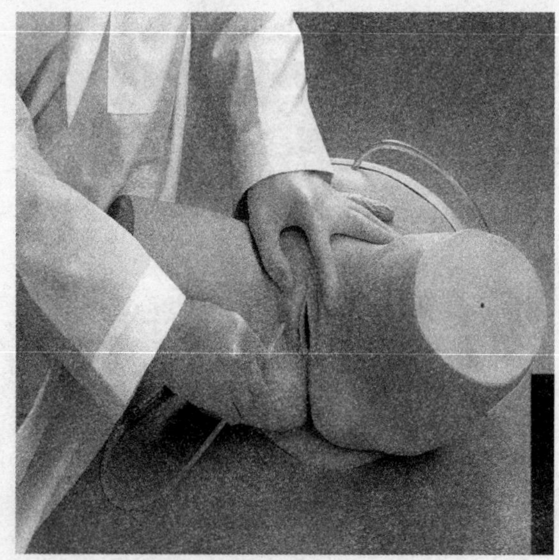

图 11　女性导尿示意图

三、注意事项

1. 严格无菌操作，预防尿路感染。

2. 插入尿管动作要轻柔，以免损伤尿道黏膜，若插入时有阻挡感可稍将导尿管退出后变换方向再插，见有尿液流出时再深入2cm，勿过深或过浅，尤忌反复大幅度抽动尿管。

3. 根据不同患者选择不同型号、粗细适宜的导尿管：导尿管的粗细要适宜，对小儿或疑有尿道狭窄者，尿管宜细。

4. 对膀胱过度充盈者，排尿宜缓慢，以免骤然减压引起出血或晕厥。

附：临床实际操作患者体位准备

（1）清洁外阴部：患者仰卧，两腿屈膝外展，臀下垫塑料布。患者先用肥皂液清洗外阴；男患者翻开包皮清洗。

（2）消毒尿道口，用黏膜消毒液棉球，女性由内向外、自上而下消毒外阴，每个棉球只用一次，尔后外阴部盖无菌孔巾。男性则用消毒液棉球自尿道口向外消毒阴茎前部然后用无菌巾裹住阴茎，露出尿道口。

第二节 腹腔穿刺术

腹腔穿刺术（abdominocentesis）是指对有腹腔积液的患者，为了诊断和治疗疾病进行腹腔穿刺，抽取积液的操作过程。

一、适应证

1. 抽取腹腔积液进行各种实验室检验，以便寻找病因，协助临床诊断。

2. 对大量腹水引起严重胸闷、气促、少尿等症状，使患者难以忍受时，可适当抽放腹水以缓解症状。一般每次放液为3000～6000ml。

3. 腹腔内注射药物，如注射抗生素卡那霉素、链霉素或庆大霉素；注射化疗药物环磷酰胺、塞替派、自力霉素等，以协助治疗疾病。

二、操作方法

（一）模型准备

按照患者平卧位摆好模型，模拟腹腔与输液袋连接好、并排除管腔内空气。

（二）操作步骤

1. 选择适宜穿刺点（图12）：一般常选于左下腹部、脐与髂前上棘连线中外1/3交点处，也有取脐与耻骨联合中点上1cm，偏左或右1.5cm处，或侧卧位脐水平线与腋前线或腋中线的交点。对少量或包裹性腹水，常须B超引导下定位穿刺。

2. 将穿刺部位常规消毒，戴无菌手套，铺消毒洞巾，自皮肤至腹膜壁层，用2%利多卡因逐层作局部浸润麻醉。

3. 术者左手固定穿刺处皮肤，右手持针经麻醉处逐步刺入腹壁，待感到针尖阻力突然消失时，表示针尖已穿过腹膜壁层，即可行抽取和引流腹水，并置腹水于消毒试管中以备检验用。诊断性穿刺可直接用无菌的20ml或50ml注射器和7号针尖进行穿刺。大量放液时可用针尾连接橡皮管的8号或9号针头，助手用消毒血管钳固定针头并夹持橡皮管，用输液夹子调整放液速度，将腹水引流入容器中并记量或送检。腹水不断流出时，应将预先绑在腹部多头绷带逐步收紧，以防腹压骤然降低，内脏血管扩张而发生血压下降甚至休克等现象。放液结束后拔出穿刺针，盖上消毒纱布，并用多头绷带将腹部包扎，如遇穿刺孔继续有腹水渗漏时，可用蝶形胶布或涂上火棉胶封闭。

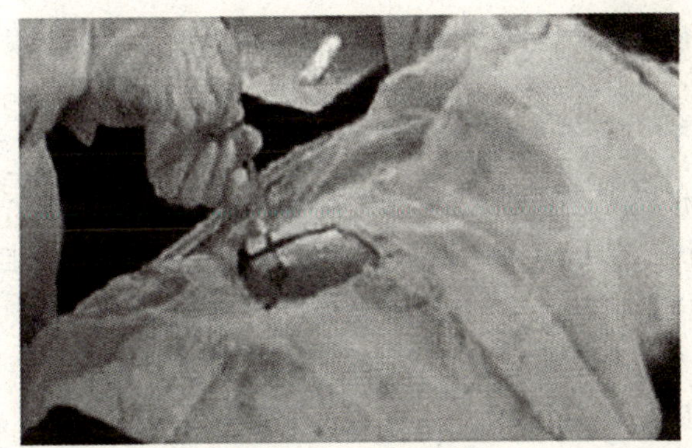

图12 腹腔穿刺示意图

三、注意事项

1. 有肝性脑病先兆者，禁忌腹腔穿刺放腹水。

2. 术中应密切观察患者，如发现头晕、恶心、心悸、气

促、脉快、面色苍白应立即停止。

附：临床实际操作患者体位准备

（1）先嘱患者排空尿液，以免穿刺时损伤膀胱。

（2）放液前应测量腹围、脉搏、血压和腹部体征，以观察病情变化。

（3）扶患者坐在靠椅上，或平卧、半卧、稍左侧卧位。

第三节　动脉血气测定术

血液气体和酸碱平衡是体液内环境稳定、机体赖以生存的一个重要方面。动脉血气测定术（arterial blood gas analysis）是抽取动脉血进行血液气体氧（O_2）、二氧化碳（CO_2）和酸碱平衡测定的一种方法，是反映肺气体交换和酸碱平衡状况的最有效方法。因其取得的结果迅速、准确，可以对机体的呼吸功能和酸碱平衡状态作出评估，而被广泛应用于临床各科。对危重病例抢救和手术中监护、血液透析等患者尤其重要，已成为必要的检测项目之一。

一、适应证

1. 各种原因所致的低氧血症、高碳酸血症和各型呼吸衰竭的诊断。

2. 观察机械通气的疗效，协助对呼吸机参数的调节。

3. 体液酸碱平衡紊乱的诊断和疗效监测。

二、禁忌证

严重凝血功能障碍时应慎重进行。

三、操作方法

（一）模型准备

将模拟动脉血管与输液袋连接好，并排除管腔内空气。

（二）操作步骤

动脉血气的采样可取动脉血或动脉化毛细血管血，采血部位大多选用桡动脉、股动脉、肱动脉，亦可选用足背动脉采血。因桡动脉位置浅表、易于定位，与尺动脉存在侧支循环，附近没有大静脉，且操作时疼痛相对轻微，故常作为动脉血取样的首选部位。

1. 选择合适的动脉穿刺部位（图 13）：桡动脉穿刺时，患者取侧卧位或仰卧位，前臂外展，穿刺点在前臂掌侧腕关节上 2cm 左右；股动脉穿刺时，患者仰卧位，穿刺点一般选股三角区腹股沟内侧 1/3 处股动脉搏动最强点。

2. 以手指仔细触摸选择搏动最明显处为进针点，常规皮肤消毒。

3. 戴好无菌手套，将注射器接上 6 号或 7 号无菌注射针头，吸入肝素液，针尖向上，来回推动筒栓，使肝素液均匀涂布湿润针筒内壁和针头（肝素化）。驱除气泡和多余的肝素。

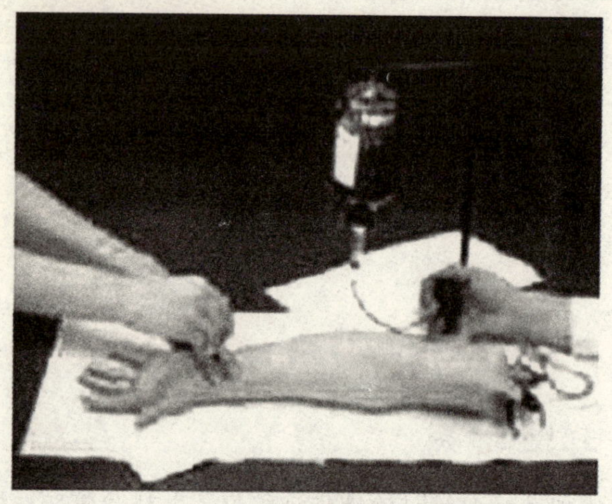

图 13 桡动脉穿刺示意图

4. 以左手示指和中指并列伸直固定动脉，右手持针筒，针尖斜面迎向血流方向，以 30°～45°缓缓刺入。

5. 刺入动脉后可见血液藉动脉压推动筒栓上移，或看见针头的尾部连接处有少量血液搏动，此时以右手固定注射器位置不动，以左手缓缓抽拔筒栓，采血 1ml 左右，拔出针头，嘱助手以无菌棉签或无菌纱布压迫穿刺点 3～5 分钟直至出血停止（必要时适当延长压迫时间）。

6. 迅速排除针筒内的气泡，将针头刺入软木塞或橡皮块以隔绝空气。在手心轻轻搓动针筒使血液和肝素充分混匀以防凝血。

7. 采好的血样随检验申请单一起立即送检，20 分钟内进行测定。若特殊情况不能马上检测时，标本应置入 4℃冰箱短时间保存，需在 2 小时内分析完毕。

四、注意事项

1. 注意辨别动脉血抑或静脉血：少数情况下，可以出现误抽静脉血作为动脉血，特别是在低血压等情况下，应注意辨别。通常情况下，动脉氧分压（PaO_2）>6.38kPa（48mmHg）、呈鲜红色，藉此可以辨别是动脉血抑或静脉血标本。少数复杂情况下应该结合血二氧化碳分压来辨别。

2. 血样本中含有气泡或血样过少可导致血气分析结果不准确；肝素过多可稀释血样本，将使氧分压升高，二氧化碳分压降低，并影响碳酸氢盐的测定；血样采取后放置时间过长，血细胞代谢将影响血气检测结果；样本中有血凝块可导致血气分析结果不准确，并造成仪器损害。应该避免此类情况发生。

3. 注意仪器的质控，避免各种原因造成动脉血气测定仪检测异常而造成血气结果异常。

4. 若需重复多次监测，可考虑动脉内留置导管，以方便采血。

5. 血气分析的血样要求采自合理部位的动脉血标本，严密隔绝空气。患者静息状态下，最好停止吸氧 30 分钟后采血，如病情不允许，应注明吸氧浓度，采样后立即送检。

6. 穿刺结束后应以适当的力度压迫穿刺点 3～5 分钟至出血停止，特殊情况适当延长压迫时间，以防出血或血肿产生。

第四节 腰椎穿刺术

正常人蛛网膜下腔有脑脊液130～150ml，是由两侧脑室脉络丛分泌产生，经过第三脑室、第四脑室流入小脑延髓池，然后分布于蛛网膜下腔内，脑脊液中大部分由脑穹隆面的蛛网膜绒毛吸收入静脉，少部分由脊神经根周围间隙吸收，从而使脑脊液得到循环平衡。脑脊液对脑有防震缓冲作用，使脑免受外界震荡损伤，为脑脊髓提供营养物质，并参与组织代谢及排除废物的作用。

腰椎穿刺术（lumbar puncture）是通过腰椎间隙穿刺，穿刺针进入蛛网膜下腔，吸取少量脑脊液进行检验或进行鞘内治疗的过程。临床上常用于检测脑脊液的性质，对诊断脑炎、脑膜炎、脑血管病变、脑瘤等中枢神经系统疾病有重要意义。有时可测定颅内压和了解蛛网膜下腔有否阻塞。通过腰椎穿刺也可用于鞘内注射某些药物协助治疗。

一、适应证

1. 诊断颅脑、脊髓疾病，如脑炎、脑膜炎、脑血管病变、脑及脊膜肿瘤等。

2. 头痛、昏迷、抽搐、瘫痪、某些不明原因发热、脑膜刺激征等患者，病因未明时。

3. 行蛛网膜下腔注入空气或造影剂进行脑脊髓造影，以协助颅脑疾病的诊断。

4. 蛛网膜下腔注射药物，如腰椎麻醉以配合手术治疗等；颅内压过低者，可向蛛网膜下腔注入适量生理盐水，以减轻头痛症状；颅内压增高者，可适量放出脑脊液，以降低颅内压；脑膜白血病患者可向蛛网膜下腔注射化疗药物等。

二、禁忌证

1. 枕骨大孔处肿瘤，先天性小脑延髓下疝畸形、脑疝先兆、眼底有乳头水肿、颅内压升高的患者因穿刺后易产生脑疝的严重并发症。

2. 高度怀疑小脑延髓池粘连者。

3. 后颅窝占位不能作腰椎穿刺，但可作小脑延髓池穿刺术。

4. 休克、全身衰竭及濒危患者不能配合检查者。

5. 穿刺局部皮肤炎症和感染者。

6. 脊髓压迫症患者穿刺后会使病情恶化。

7. 有脑脊液瘘者。

三、操作方法

（一）模型准备

按照患者左侧卧位摆好模型，模拟蛛网膜下腔管与输液袋连接好，并排除蛛网膜下腔管内空气。

（二）操作步骤

1. 脊髓下缘 94%终止于腰 1 椎体的下缘，6%终止于腰

2、腰3间隙，所以行腰椎穿刺一般取腰椎第3、第4棘突间隙，即取两髂嵴最高点的连线与后正中线的中点，可根据间隙大小选上一个间隙相当于腰椎第2、3棘突间隙，或选下一个间隙相当于腰椎第4、5棘突间隙为穿刺点，先用甲紫棉签作标记（图14）。

2. 消毒与麻醉：用2%碘酊、70%乙醇常规消毒穿刺点皮肤，由中心向外旋转式涂擦，消毒范围直径约20cm，术者戴口罩、帽子、无菌手套，铺洞巾，用注射器吸取0.5%利多卡因2ml接上7号注射针头，排尽空气后，自穿刺点作局部浸润麻醉，直至椎间韧带，在针尖向外拔出同时注入注射器内剩余局部麻醉药于穿刺点。

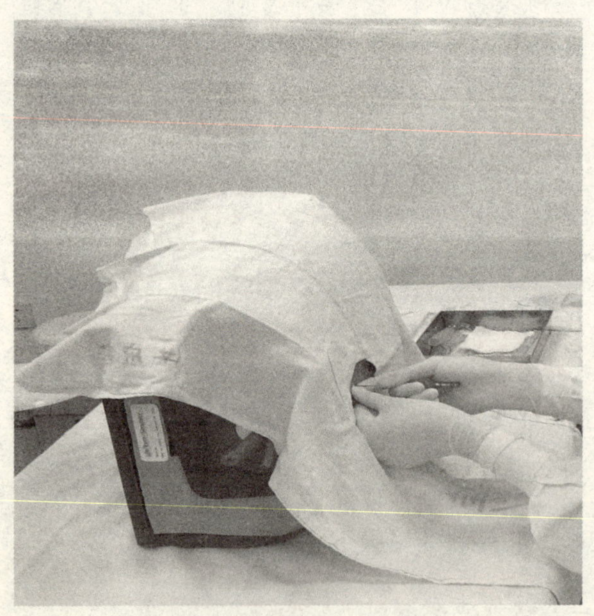

图14 腰椎穿刺术示意图

3. 穿刺方法：患者左侧卧位，术者左手固定穿刺点皮肤，右手持腰椎穿刺针呈垂直背部针尖斜面向头部与背部横轴垂直，针尖稍斜向头侧，针尾偏向臀侧，缓慢刺入穿刺点的棘突间隙。成人进针深度 4～5cm，儿童进针深度 2～4cm，当穿刺针尖缓慢穿过纵行韧带与硬脑膜时，有阻力突然降低感或落空感。此时可将针芯慢慢抽出，即可见脑脊液从针尾滴出。有时穿刺过浅或过深不能获得脑脊液时，可将针芯插入，把穿刺针略为推进少许，再拔出针芯，观察有无脑脊液从针尾滴出，如仍未见脑脊液滴出，则再插入针芯缓慢将穿刺针退出少许，直至脑脊液流出为止。有时因为疾病所致脑压降低，脑脊液不能自行滴出时，可将穿刺针连接注射器用低压轻轻抽取少量脑脊液作检验用。

4. 测量脑脊液压力：在收集脑脊液检验前，常规先测定脑脊液压力，在穿刺针尾连接测压玻璃管测量压力，让患者放松身体，伸直头和下肢，见脑脊液在玻璃管内上升到一定水平，并出现液面随呼吸有轻微波动的液面数值为脑脊液压力值。正常参考范围成人为 0.69～1.76kPa（70～180mmH_2O），儿童为 0.39～0.98kPa（40～100mmH_2O），成人正常侧卧位脑脊液滴速为 40～50 滴/分。

四、注意事项

1. 术后去枕俯卧 3 小时，有利于穿刺点伤口愈合，如俯卧有困难可去枕仰卧 4～6 小时，多饮盐水或饮料，可避免因腰椎穿刺术后的低颅压引起的头痛、恶心、呕吐、眩晕等症状。

2. 一般将收集的第一管脑脊液送细菌培养，第二管送生

化免疫测定，第三管送常规和细胞计数测定。

3. 放脑脊液时应注意掌握速度，避免脑脊液流出过快，诱发脑疝形成等。

附：临床实际操作患者体位准备

一般取左侧卧于硬板床或检查台上，脊柱靠近床沿或检查台沿，与床或检查台平行，背部与床或检查台垂直，头向前胸俯曲，双手抱膝尽量向腹部屈曲，躯体成弓形，或由助手在术者对面一手挽患者头部，另一手挽患者双下肢腘窝处，用力抱紧，使脊柱尽量后凸，椎间隙张开增宽。特殊情况下如作气脑或脊髓空气造影可取坐位，患者前弯，双臂交叉置于椅背上使脊柱向后凸出。

第五节 胸腔穿刺术

胸膜腔是指胸腔内脏层胸膜和壁层胸膜之间形成的完全封闭的空腔。正常情况下胸膜腔内为负压。胸膜腔含少量液体起润滑作用，其腔内液体量的平衡取决于影响液体生成和吸收的各因素之间的平衡。病理情况下，当液体生成超过吸收时，液体即积聚在胸膜腔内，形成胸腔积液。其量较多时可引起呼吸功能障碍，患者出现干咳、胸闷、气急等不适甚至循环障碍表现，需抽取积液以解决压迫症状。另外，作为原发疾病的反映，抽取胸腔积液进行检查可了解积液的性质，协助明确胸腔积液的原因。当各种原因致使脏层胸膜或胸壁完整性被破坏时，空气进入胸腔而造成气胸往往也需要胸腔穿刺治疗。因而，胸腔穿刺术（thoracentesis）通常是指胸腔积液穿刺抽液或气胸时穿刺抽气操作。

一、适应证

（一）诊断

1. 原因未明的胸腔积液。用于检查胸腔积液的性质，协助明确诊断。

2. 对恶性病变进行诊断性分期。

3. 为明确有无胸膜支气管瘘，在胸腔穿刺后注入亚甲蓝（美蓝）。

（二）治疗

1. 通过抽液或抽气缓解由于大量胸腔积液或积气所致的肺脏压迫或纵隔移位造成的呼吸困难、缺氧。

2. 通过抽液减少胸膜增厚。

3. 胸膜炎、脓胸等为缓解症状而抽液减压并注入抗菌药物。

4. 肿瘤性积液在抽液减压后注入抗癌药物。

5. 胸膜粘连治疗。

二、禁忌证

1. 凝血功能障碍或出血倾向。

2. 穿刺部位胸壁组织有急性化脓性感染。

3. 疑有肺包虫病者。

4. 不合作或精神病患者。

三、操作方法

（一）模型准备

按照患者坐位摆好模型（图 15），模拟胸腔与输液袋连接好，并排除管腔内空气。

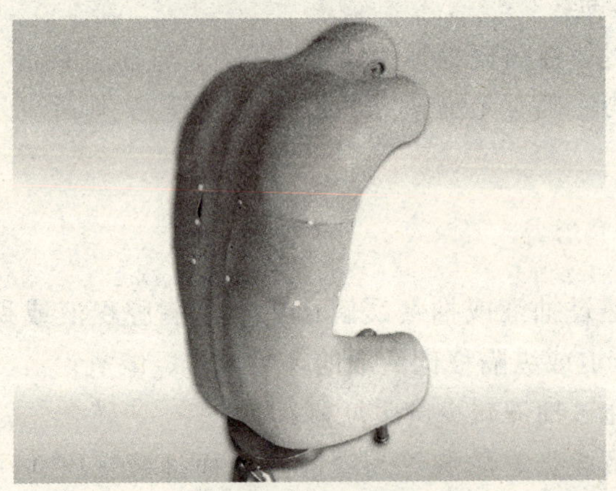

图 15 胸腔穿刺术模型图

（二）操作步骤

1. 胸腔积液穿刺点选在胸水叩诊实音最明显处，一般在腋后线第 7～8 肋间或腋中线第 6～7 肋间，或腋前线第 5 肋间，或在 B 超引导下选择穿刺引流部位，特殊情况下尚可 X

线透视定位；气胸穿刺点一般在前胸壁锁骨中线第二肋间隙，血气胸时穿刺点同胸腔积液。

2. 用甲紫棉签标记穿刺点。

3. 常规消毒皮肤，戴无菌手套，覆盖无菌洞巾。

4. 用0.5%利多卡因在穿刺点下一肋骨上缘自皮肤至胸膜壁层逐层浸润麻醉。注意局麻时应先回抽见无回血后再注射利多卡因。胸膜突破时可有针尖阻力消失感，继续进针并回抽，以确定抽到胸腔积液或积气。

5. 确定胸腔穿刺针通畅，针尾与橡皮管之间无漏气后，将穿刺针尾后面的橡皮管用血管钳夹住。术者以左手示指与中指固定穿刺部位的皮肤，右手持穿刺针在局麻处肋骨上缓慢进针，以避开神经、血管束，当阻力感突然消失时，表示已到达胸膜腔。接上注射器，放松夹橡皮管的血管钳，轻轻回抽直到胸腔积液或积气被吸引出来；若未见胸腔积液或积气，可再调整进针方向及深浅，再行试抽。注射器抽满胸腔积液或积气后再次用血管钳夹住橡皮管，尔后取下注射器。如为积液，先将液体注入培养管或检验试管，然后注人容器。亦可应用带三通活栓的穿刺针进行胸膜腔穿刺抽液/抽气，但操作时要注意三通活栓方向。

6. 抽液/抽气结束后，拔出穿刺针，稍用力压迫穿刺部位片刻以防止出血、胸水渗漏或漏气造成气胸。

7. 用2%碘酒消毒伤口，覆盖无菌纱布，并用胶布固定。嘱患者适当静卧。保持伤口干燥，以减少伤口感染机会。

四、注意事项

1. 胸腔穿刺前要仔细阅读患者影像学资料，或重新胸

透，并进行仔细体格检查，以了解胸腔积液/积气部位，有无手术禁忌证，并确定穿刺部位。

2. 穿刺部位不能过低（通常不要低于第 9 肋间），以免损伤肝、脾等脏器。

3. 穿刺时应在肋骨上缘进针，以免损伤肋间动脉和神经。

4. 术中患者应尽量避免剧烈咳嗽及深呼吸，以防损伤肺脏。

5. 术中、术后应注意随时观察患者反应，及时处理可能发生的并发症。若有胸闷等症状，应拍摄 X 线胸片，排除继发气胸等，胸腔积液常规检查应事先加抗凝剂。细菌学标本应留取第一针筒胸腔积液。

6. 诊断性穿刺一般取得足够标本即可。病理细胞检查应留取最后抽得的胸腔积液，量以 200ml 左右为宜。治疗性穿刺一次抽液不超过 1000ml。抽液速度不能过快。

附：临床实际操作患者体位准备

患者取坐位，身体前倾，双臂自然放在床旁的桌子上；或面向椅背，前臂呈抱物状平置于椅背上，为舒适起见可在前臂下加垫软垫；不能起床者取半卧位，患侧前臂上举抱于枕部。充分暴露手术视野。

第六节　前列腺检查及按摩术

前列腺检查（examination of prostate）主要通过直肠指诊进行；若怀疑为慢性前列腺炎，则需进行前列腺按摩（massage of prostate），以取得前列腺液作细菌培养和实验室检查，此术亦可作为治疗方法应用。

一、适应证

前列腺直肠指诊检查适用于几乎所有前列腺疾病的诊断；前列腺按摩术适用于慢性前列腺炎的诊断与辅助治疗。

二、禁忌证

怀疑前列腺结核、脓肿或肿瘤禁忌前列腺按摩术。

三、操作方法

（一）模型准备

按照患者膝胸位或截石位摆好模型（图 16）。

（二）操作步骤

1. 医师戴手套，指端涂凡士林或液状石蜡。

2. 在取膝胸位时，左手扶持患者臀部以右手示指先在肛门口处轻轻按摩，使患者适应，以免肛门括约肌骤然紧胀。然后将手指徐徐插入肛门，当指端进入距肛门口 5cm 直肠前壁处即可触及前列腺，注意前列腺的大小、形状、硬度，有无结节、触痛、波动感以及正中沟的情况等。

3. 前列腺按摩及取液：以手指末节做由外向内、同时向下徐徐按摩，每侧 4～5 次，然后再将手移至腺体的上部顺正中沟向下挤压，这样前列腺液即可由尿道排出，留取标本送检。

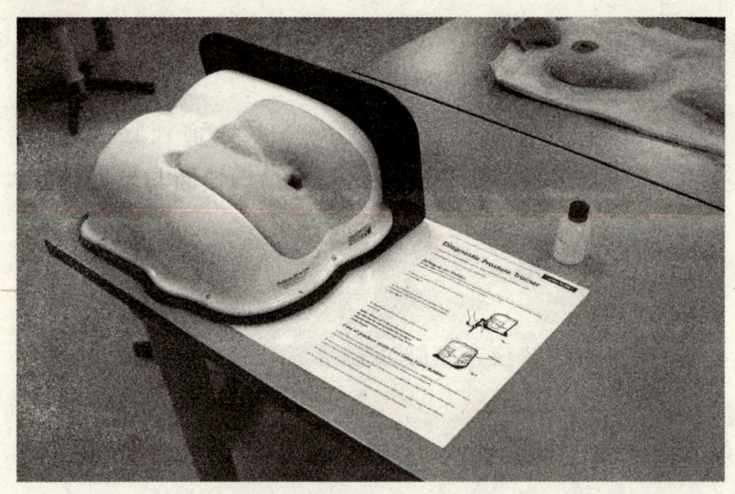

图 16　前列腺检查模型图

四、注意事项

1. 按摩时用力要均匀适当，太轻时不能使前列腺液驱出，太重则会引起疼痛。

2. 按摩时要按一定方向进行，不应往返按摩；不合理的手法往往会使检查失败。

3. 按摩失败或检查阴性，如有临床指征，需隔 3～5 天再重复进行。

附：临床实际操作患者体位准备

患者多取膝胸位或截石位，若患者病情严重或衰弱，也可取侧卧位。

第七节　鼻胃管插入术

一、使用胃管指征

1. 胃、口腔、（咽）喉手术前准备。
2. 中毒洗胃、胃液检查。
3. 插胃管营养疗法。
4. 胃扩张、幽门梗阻者。

二、操作方法

1. 清洁鼻孔、润滑导管，由一侧鼻孔缓缓插入，胃管达咽喉部时，嘱患者做吞咽动作逐步插入。

2. 当胃管插入 45～55cm 时，应检查胃管是否插入胃内。

检查方法：试抽胃液或向胃管内注入空气，同时用听诊器于胃部听诊；或将胃管末端置于盛水碗内，观察有无气泡逸出。

第八节　骨髓穿刺术

人出生后骨髓几乎承担了全部造血任务，粒、红、巨核三系以及少量淋巴和单核细胞均在骨髓内生成、分化和发育。骨髓穿刺术（bone marrow puncture）是通过骨髓穿刺针吸取少量骨髓液，做骨髓液检查，以了解各类血细胞的数量、形态、有无寄生虫等情况的一种检查方法，对血液系统疾病等的诊断和鉴别、疗效观察、预后估计均有很重要的作用。抽取的骨髓液还可供细胞遗传学检查和病原生物学（如细菌）培养等。

一、适应证

1. 各种贫血：缺铁性贫血、巨幼细胞性贫血、再生障碍性贫血、溶血性贫血等。

2. 白血病必须经骨髓象检查方能确诊及分型，尤其是非白血病性白血病。

3. 粒细胞缺乏和减少症。

4. 血小板减少：特别是原发性血小板减少性紫癜。

5. 红、白细胞或血小板过多者：如骨髓增生异常综合征。

6. 骨髓内异常细胞：如多发性骨髓瘤、恶性组织细胞病、骨髓转移癌、淋巴瘤等。

7. 某些发热、肝脾和淋巴结肿大原因不明者。

8. 血液寄生虫病：如黑热病、疟疾等。

9. 某些感染性疾病：如伤寒、败血症作骨髓液细菌培养较血培养敏感，阳性率高。

二、禁忌证

1. 血友病或其他严重凝血功能障碍者。

2. 穿刺部位有局部感染。

三、操作方法

（一）模型准备

按照仰卧位或俯卧位摆好模型。

（二）穿刺步骤

1. 用甲紫棉签标记穿刺点：如髂前上棘、髂后上棘、腰椎棘突或胸骨柄与胸骨体之间的中点（相当于第1、2肋间隙的部位），少数情况下（如儿童）可作胫骨前穿刺。待干燥后，用碘伏或先后用2%碘酊、70%乙醇行穿刺部位皮肤消毒。以穿刺点为中点，消毒范围为10cm左右。

2. 术者戴帽子、口罩及无菌手套，铺无菌洞巾于穿刺部位，局部用0.5%利多卡因行浸润麻醉，经皮内、皮下，直达骨膜。拔出针头后，用手按摩注射处至麻醉药物扩散为止。

3. 检查骨髓穿刺针与20ml注射器是否完好配套，有无漏气，根据穿刺部位固定骨髓穿刺针的深度，使其能恰好达

到骨髓腔内合适的部位。如行髂前上棘穿刺，则将针尖长度用固定器调节固定在 1.5cm 处；行髂后上棘穿刺时，将针尖长度固定在 2～2.5cm 处。行胸骨穿刺时，将骨髓穿刺针的针尖长度固定在 1cm（小儿 0.2～0.6cm）。腰椎棘突穿刺时，针尖长度固定在 1.5cm 处。临床常需按患者局部软组织的厚度而调节进针的深浅。

4. 左手拇指和示指固定穿刺部位皮肤，右手持骨髓穿刺针垂直于髂前上棘或髂后上棘骨面进针。如胸骨穿刺时针尖斜面向下，针斜向腹部与骨面成 30°～40°角进针。如行腰椎棘突穿刺则于棘突顶点或稍偏之点进针。针尖刺入皮肤达骨面，然后垂直用力左右旋转钻人骨质，当突然感觉阻力降低，穿刺针已能固定于骨内时表示骨髓穿刺针已进入骨髓腔。

5. 拔出骨髓穿刺针的针芯，针芯尖部抹在手套上，如针尖已入骨髓腔中，则此时手套上可见到闪光的油珠和少量血迹，此时将穿刺针连接不漏气的 20ml 注射器，适当用力抽吸骨髓液 0.1～0.2ml，即见到红色骨髓液刚进人注射器口时，即停止抽吸。在进行骨髓抽吸时，患者会感觉穿刺局部轻微酸胀感。

6. 拔出注射器，将骨髓液注于清洁载玻片上，由助手迅速用清洁推片制作 5～6 张骨髓涂片。一张合格的涂片应厚薄适中，并有“舌状尾巴”。经瑞氏染色后做细胞形态检查或用于细胞化学染色检查。

7. 如需做骨髓培养者，则再接上注射器，抽取 2ml 骨髓液，在无菌条件下急速注入培养瓶中做细菌培养。

8. 抽吸骨髓液完毕后，将针芯重新装入穿刺针内，左手持无菌纱布置于针眼附近，右手持穿刺针，左右旋转向外拔出穿刺针，局部用2%碘酊消毒后，用无菌纱布盖住穿刺点，按压1～2分钟后用胶布固定。

四、注意事项

1. 用于骨髓穿刺的注射器和穿刺针必须干燥，以免发生溶血。

2. 骨髓穿刺针头进入骨质后避免摆动过大，以免针头折断。

3. 骨髓液吸出后应立即推注于载玻片，并立即推片，否则会很快发生凝固而影响检查结果。

4. 骨髓液稀释：因抽吸骨髓时注射器内负压过大，或在抽吸时注射器内已有少量红色骨髓液而未立即停止抽吸，以至于外周血液亦被吸入，导致骨髓液被稀释。应尽量避免发生骨髓液稀释，如发生骨髓液稀释，则须换部位重新穿刺。

5. 骨髓液溶血：因穿刺针或注射器内有水分所致，如在手术操作前先检查穿刺针和注射器，并抽吸一下看有无水分和水泡，即可避免之。

6. 如在穿刺过程中，感到骨质坚硬，穿刺针不能进入骨髓腔，提示可能是大理石骨病，应做骨骼X线摄片检查，不可强行操作，以防断针。

7. 如穿刺时未能抽出骨髓液，则可能是针腔被皮肤或皮下组织块填塞，此时应重新插上针芯，稍加旋转，或再钻入少许或退出少许，拔出针芯，如见针芯带有血迹时，再行抽吸即可取得骨髓液。如仍吸不出骨髓液或仅吸出少许稀薄血液，则称为干抽（dry tap），此多见于骨髓纤维化、恶性组织

细胞病、恶性肿瘤骨转移、多发性骨髓瘤等，应考虑行骨髓活体组织学检查。

附：临床实际操作患者体位准备

（1）髂嵴穿刺点：髂前上棘是较常采用的穿刺点，此部位骨面较平，易于固定，穿刺部位取髂前上棘后 1～2cm 处，操作时患者取仰卧位；髂后上棘穿刺点位于骶椎两侧，第 5 腰椎与骶骨底旁开 3～5cm 处，臀部上方骨性突出部位，此部位穿刺的优点是骨髓含量较丰富，操作时患者取侧卧位。

（2）胸骨穿刺点：患者取仰卧位，肩下置一枕头，使胸骨略为凸起，取胸骨柄与胸骨体之间的中点，相当于第 1 或第 2 肋间隙水平处进针，因胸骨骨质较薄，其后有心脏和大血管，因而临床很少选用。

（3）脊椎棘突穿刺点：临床极少选用，胸椎穿刺患者常取坐位，反坐于靠背椅上，双臂按置于椅背上，头伏于前臂上，腰部尽量后突，使棘突明显暴露，常采用第 11、第 12 胸椎或腰椎的棘突进行穿刺，因骨质较坚硬须用较大力气。

如选择腰椎穿刺点，患者取侧卧体位，选第 1、第 2、第 3 腰椎棘突为穿刺点。

（4）胫骨穿刺点：仅适用于 2 岁以下的儿童，选胫骨上 1/3 处前方偏内侧中央处为穿刺点。

第九节 肝脏穿刺活组织检查术

肝脏为人体最大的腺体，男性成人肝脏中约为 1.5kg，女性为 1.3kg。肝脏活组织检查（liver biopsy）术分为肝脏快速穿刺术及 B 超导引下细针肝脏穿刺术。快速穿刺术用于肝脏弥漫性病变的肝脏组织学及病原学诊断，细针穿刺术用于肝脏占位性病变的细胞学诊断。

一、适应证

1. 肝脏弥漫性病变：原因不明的肝肿大、黄疸（非肝后梗阻性黄疸者）。
2. 隐原性肝炎的病原学诊断。
3. 肝脏各种实质性和囊性展位的鉴别。
4. 用于较大肝脓肿脓液及肝脓肿囊液的抽吸。

二、禁忌证

1. 出凝血功能异常，如国际标准化比率（INR）和凝血酶原时间延长、血小板计数下降及其他因素出血。
2. 肝硬化伴有肝脏体积缩小。
3. 疑有肝血管瘤或肝包虫病。
4. 大量腹腔积液。
5. 肝外梗阻性黄疸。

6. 重度贫血。

7. 昏迷或其他疾病不合作者。

三、操作方法

(一) 模型准备

打开模型“电源键”指示灯亮。

(二) 操作步骤

1. 寻找肝区压痛点（右腋中线第 8 和第 9 肋间处），模型人可发出“疼”的叫声，定准穿刺部位，常规皮肤消毒后，将穿刺针刺至皮下准备（图 17）。

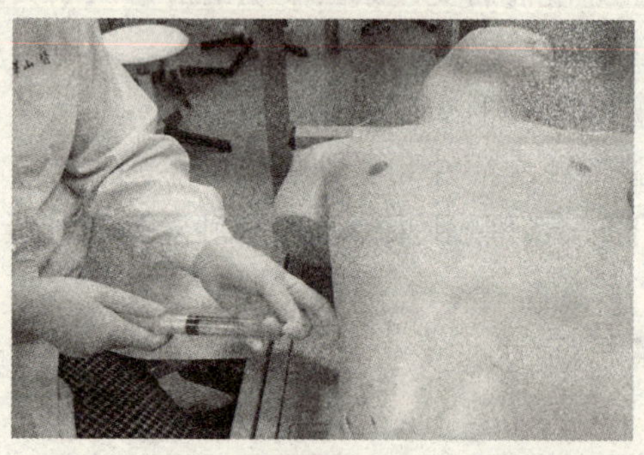

图 17 肝脏穿刺活组织检查术示意图

2. 打开“肝穿键”，指示灯亮，语音提示“屏息方法及节奏”，当提示“屏住呼吸”后迅速进针 5 秒内完成操作，有“屏息时间到”的语音提示。要求穿刺针沿下位肋骨上缘进针，如取上位肋骨下缘进针，模型人将发出“部位错误，已损伤了神经和血管”的语音提示。进针正确，将连接有注射器的穿刺针进入肝脏并立即退出。

3. 推动注射器，将穿刺所得组织推入放有若干生理盐水的弯盘，如空抽或穿刺物过少，可重复操作一次。用针尖将穿刺组织置于4%甲醛瓶中送检。

4. 按压穿刺点，待无出血后，用安尔碘消毒、无菌纱布覆盖，胶布固定，穿刺部位用沙袋压迫，并以多头腹带包扎。

四、注意事项

1. 穿刺前应测血压、脉搏，并进行胸部X线检查。

2. 术前应向患者作好解释以消除顾虑，并嘱其在穿刺过程中切勿咳嗽或深呼吸。术前1小时可服地西泮（安定）10mg。

3. 穿刺后卧床休息24小时，每隔15～30分钟测呼吸、脉搏、血压一次，连续观察4小时，防止内出血。

4. 穿刺后如出现局部疼痛，应仔细查找原因，若为一般组织创伤性疼痛，可予止痛剂；若发生气胸、胸膜性休克或胆汁性腹膜炎以及脉搏增快细弱、血压下降、烦躁不安、面色苍白、出冷汗等内出血现象，应紧急处理。

第十节　中心静脉压测量术

从周围静脉进行穿刺或从周围静脉切开处插入导管至上或下腔静脉近右心房处，将导管连接测压管，测量静脉压的

过程，称为中心静脉压测量术（central venous pressure measure）。通过中心静脉压的测量，可了解人体血容量的多少，对疾病的诊治有很大帮助。

一、适应证

1. 估计血容量。

2. 鉴别休克原因：是心源性休克还是低血容量性休克。

3. 鉴别少尿的原因：是血容量不足还是肾衰竭。

4. 是大量输液、输血的安全而准确的监护措施之一。

5. 紧急情况下，可通过中心静脉压导管的通路，作为临床抢救患者快速而有效的输液途径之一。

二、禁忌证

1. 静脉穿刺或静脉切口处局部有感染者。

2. 有出血倾向，出、凝血和凝血酶原时间异常者。

三、操作方法

（一）模型准备

按照患者仰卧位摆好模型（图 18）。

（二）静脉径路

颈内静脉径路：颈内静脉行走于胸锁乳突肌的深层，根据其与胸锁乳突肌的解剖关系，可分别在胸锁乳突肌的前、中、后路三个方向进针，临床上常从中、后路进针，因右侧胸膜顶低于左侧，右颈内静脉和上腔静脉几乎成一直线，且无胸导管误伤之忧，故临床上多选择右颈内静脉插管。操作时患者取仰卧位、头后仰，略转向对侧成 20°～30°角，肩下垫一小枕，右侧穿刺则头偏向左侧。

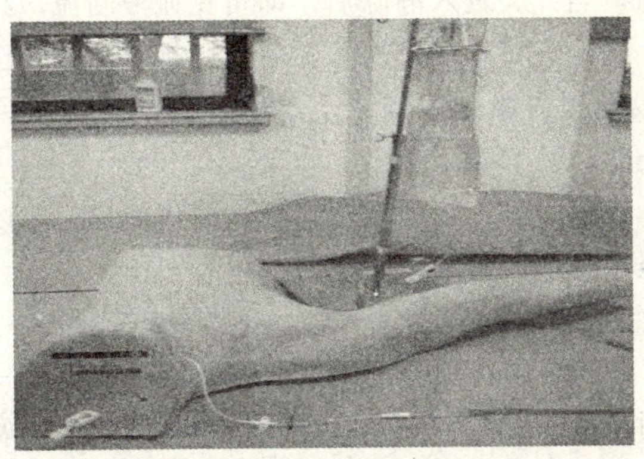

图 18　中心静脉压测量示意图

中路进针：在胸锁乳突肌的胸骨头、锁骨头和锁骨上缘形成的三角形顶端锁骨上 3.5～4cm 处进针，针干与皮肤成 25°～30°角，针尖朝向同侧乳头方向，有时需把针尖向外偏斜 5°～10°角，指向胸锁乳突肌锁骨头内侧的后缘刺入。因颈内静脉在颈总动脉前外侧下行，穿刺时不易损伤颈总动脉，是穿刺最佳部位。

（三）操作步骤

1. 经皮静脉穿刺法

（1）穿刺点局部用 2%安尔碘常规局部皮肤消毒。

（2）用三刃针或 16 号穿刺针头在穿刺点皮肤戳一小口直

达皮下。

（3）将穿有一根医用塑料管的外套管穿刺针，塑料管的末端连接吸有生理盐水的注射器，将塑料管内空气排空并注满生理盐水，穿刺针沿皮肤小口直达皮下，预计针尖到静脉表面后，一手持针干，另一手持注射器，并保持适当负压，徐徐进针，当针尖进入静脉后，即可见血液回流，继续进针2～3mm 确定塑料管已进入静脉后，则推进塑料管至一定深度。一般经颈内静脉或锁骨下静脉径路插入塑料管深度需13～15cm。

（4）拔除穿刺针，固定塑料管，并作好标记，以防滑出影响测压，局部用消毒纱布覆盖，用胶布固定。

2. 连接测压装置

（1）测压装置可用普通输液胶管，其下端连接一个三通管，分别连接患者的中心静脉导管、带刻度测压玻璃管和静脉输液管。

（2）将带有刻度的测压玻璃管固定在输液架上，调整“0”点位置。患者取仰卧位时，使“0”点位置调整在腋中线水平；若患者取坐位或半卧位时，通常调整“0”点位置在第 4 肋软骨水平，即与患者右心房保持同一水平。

（3）测压时先将输液管与测压管相连通，待液体充满测压管后，用夹子夹紧输液管，再使中心静脉导管与测压玻璃管相通。

（4）见测压玻璃管液面下降，待液面平稳时所指刻度数据即为中心静脉压。

（5）测定中心静脉压后，用夹子夹紧连接玻璃测压管的胶管，使它不再与中心静脉导管相通，松开输液管上夹子，使中心静脉导管与输液管相通，这样可以继续输液。在测压夹住输液胶管，在输液时夹住测压胶管，可反复多次测定中心静脉压，以调整输液量和输液速度，纠正中心静脉压至正常水平。

四、注意事项

1. 如测压过程中发现静脉压突然出现显著波动性升高时，提示导管尖端进入右心室，因心室收缩时压力明显升高所致，立即退出一小段后再测。

2. 如导管阻塞无血液流出，应用输液瓶中液体冲洗导管或变动其位置，若仍不通畅，则用肝素液或3.8%枸橼酸钠溶液冲洗。

3. 测压管留置时间一般不超过5天；时间过长易发生静脉炎或血栓性静脉炎；故留置3天以上时，需用抗凝剂冲洗，以防血栓形成。

第三章

临床常用诊断工具使用指南

第一节 听诊器

听诊器是内外妇儿医师最常用的诊断工具，用于聆听人体或动物体内的声音，例如：心脏、肺、肠胃等。听诊器于1819年由法国医师雷纳克发明。

一、听诊器的构造（图19）

1. 头件

头件是听诊器上与听管一端相连的金属部件。头件由耳管、耳簧和耳塞各2枚组成。

听诊器耳簧一般均用韧性好的钢材造就，可调到合适的松紧度，佩带较舒适，调整耳塞的朝向也很方便。由于耳道与侧面并非完全90°垂直，而是稍向后倾斜，因此佩带时耳塞的朝向应稍向前倾斜。高品质听诊器的头件一般都有自动记忆弯曲角度的功能，耳塞朝向可以按听诊者耳道解剖学方向预先固定，使听诊者佩戴时耳道更舒适。

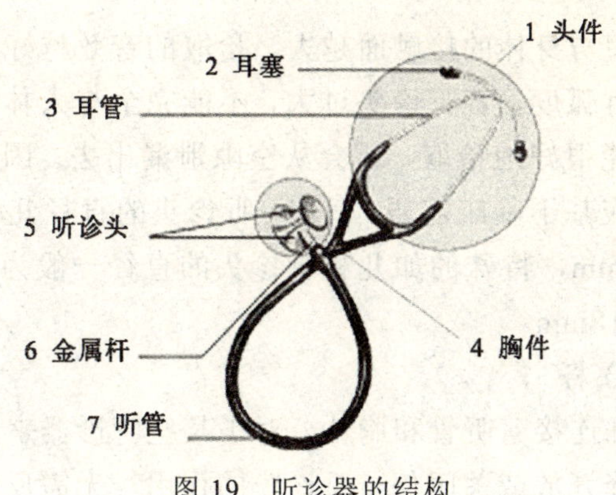

图 19 听诊器的结构

2. 耳塞

耳塞是听诊器塞入听诊者外耳道的部分。耳塞能否与耳朵良好适配非常重要，若耳塞不合适，音响会漏出，同时外界杂音也能进入混淆听诊效果。专业听诊器一般选配密封性及舒适性均极佳的密闭式耳塞。

3. 耳管

耳管是与耳塞相连的部件。

4. 胸件

听诊器胸件是听诊器中直接放置于患者需要听诊部位的部件，包括听诊头和金属杆。

5. 听诊头

听诊头一般有钟形和膜形之分。钟形听诊头可拾音范围为所有可闻音频率，多用来与皮肤轻轻接触听取低频音源，常用于听诊低音调杂音、胎心音等；而膜形胸件有一层膜，将频率小于 200Hz 的低频声音滤除掉，使之对高频音响更敏

感，因此需与皮肤紧密接触来听取高频音源，常用于听诊高音调杂音。

听诊头与身体的接触面越大，拾取的音效越好。但是，人体表面有弧度，若听诊头过大，不能完全与人体接触，音响不仅不能很好地拾取，还会从空隙泄漏出去。因此，听诊头的大小应基于临床需要。目前，听诊头的直径几乎都统一在 45～50mm，特殊的如儿科听诊头的直径一般为 30mm，新生儿为 18mm。

6. 金属杆

金属杆连接着听管和胸件。对于某些听诊器来说，金属杆起到选择开放或关闭任一听诊膜的作用，无需反转听诊头就可以满足听诊者的需求。

7. 听管

听管管路的内径越大、长度越短、管壁越厚，听诊的效果越好，国际标准长度为 27 英寸。现代听诊器的听管材质一般为 PVC（聚氯乙稀），音效好，美观，但抗拉伸性差，经常弯曲，拉伸后容易折断。因此听诊器在使用后应该将它平展悬挂于颈项两侧，这也是佩带优质听诊器的标准方法。

二、听诊器的原理

声学听诊器是最早的听诊器，也是为大多数人所熟悉的医用诊断工具，主要利用的是固体传声原理。听诊器前端是一个面积较大的膜腔，体内声波鼓动膜腔后，听诊器内的密闭气体随之震动，而塞入耳朵的一端，由于腔道细窄，气体震动幅度就比前端大很多，由此放大了患者体内的声波震动。

听诊器的材质在音效上发挥着重要的作用，声音通过空气或物质传播，最终转化为热能消失。声波的传送，在重金属中几乎没有衰减，在较轻的金属或塑料中容易出现衰减。因而，高级的听诊器须使用不锈钢甚至钛等重金属。

电子听诊器是利用电子技术放大身体的声音，克服了声学听诊器噪音高的缺陷。电子听诊器将声音信号转换为电信号并滤除对听诊无用的杂波，然后进行放大和处理，以获得最佳聆听。与声学听诊器相比，它们都是基于相同的物理原理。

三、正确佩戴听诊器的方法

在把耳管戴上之前，应将听诊器的耳管向外拉；金属耳管应向前倾斜，将耳塞戴入外耳道，使耳塞与外耳道紧密闭合。如果佩带方法正确，但耳塞和耳道密合度不佳，听诊效果不好时，可将耳管外拉以调整其弹性。只有当听诊器的耳塞与听诊者的耳道舒适地密合时，才能获得最佳的听诊效果，同时也不会让听诊者感到疲劳及不适。

第二节　血压计

测量血压的仪器称为血压计。

一、血压计的种类

1. 水银柱式血压计（台式、立式两种，立式血压计可任

意调节高度）。

2. 弹簧表式血压计（压力计）。

3. 电子血压计。电子血压计有三种形式：臂式、腕式和手指式。手指式电子血压计，即便对于健康人来讲，也已经被证明不能使用。腕式电子血压计不适用于糖尿病、高血脂、高血压等患者，因为此类患者常存在动脉硬化，导致末梢循环障碍，其手腕同上臂的血压测量值相差很大，因此建议此类患者及老年人应选择臂式电子血压计来使用。对中青年人来说可以使用腕式电子血压计。

二、血压计的构造

血压计一般由三部分组成。

1. 输气球及调节空气压力的活门。

2. 袖带：为长方形扁平的橡皮袋，成人袖带一般内含气囊尺寸为 12cm×22cm，外层布套长 50cm，宽 14cm，袋上有 2 根橡胶管，一根接输气球，另一根和压力表相接。袖带宽度应适合患者的上臂臂围，至少应包裹上臂的 80%，小儿袖带宽度是上臂直径的 1/3～1/2。

3. 测压计

（1）水银柱式血压计：在盒盖板壁上有一固定的玻璃管，管面刻度为 0～40kPa（0～300mmHg），每小格为 0.5kPa。玻璃管上端和大气相通，其顶端盖以金属帽，帽内有软木垫，鹿皮垫和金属网，可使空气自由出入。玻璃管下端和水银槽相通，内装 60g 水银，调节开关与水银相通，使用时，将开关打开，槽内水银可进入玻璃管，用毕，关紧开关，防止水银外溢。

（2）弹簧表式血压计：外形似表，呈圆盘状，盘面标有刻度，数字为2.6～40kPa（20～300mmHg）中央有一指针，以指示血压数值。其优点为体积小，便于携带，但每年应和汞柱式血压计校对一次，以免仪器不准确。

（3）电子血压计：用探头输入，电子自动取样，取样后的讯号由模数转换器把模拟讯号转换为数字讯号，再经过数字运算后由液晶显示板直接显示舒张压、收缩压和脉搏三个参数。由于采用自动取样、数字运算和自动放气形式，所以仪器省略掉听筒和放气系统。数字能直接显示和贮存，这样完全排除人为测量误差，精确度较高。

三、血压计的测量原理

（一）直接测压法

1. 直接测压法

即经皮穿刺将导管由周围动脉送至主动脉，导管末端接监护测压系统，自动显示血压值。本法虽然精确、实时且不受外周动脉收缩的影响，但作为有创方式，仅适用于危重、疑难病例。

2. 间接测量法

即袖带加压法，用血压计进行测量。间接测量法的优点为简便易行，但易受多种因素影响，尤其是周围动脉舒缩变化的影响。

四、血压计的测量方法

患者测量前半小时内禁吸烟、禁饮咖啡、排空膀胱，于

安静环境下在有靠背的椅子上安静休息至少 5 分钟。

（一）水银柱式血压计

1. 患者取坐位或仰卧位，露出上臂并轻度外展，将衣袖卷至肩部，袖口不可太紧，防止影响血流，必要时脱袖，伸直肘部，手掌向上。

2. 放平血压计，打开盒盖呈 90°垂直位置。取袖带，平整均匀紧贴皮肤缠于上臂，袖带下缘距肘窝 2～3cm，气袖中央位于肱动脉表面，松紧适宜。过紧致血管在袖带未充气前已受压，测得血压偏低；过松可使气袋呈气球状，导致有效测量面积变窄，测得血压偏高。打开水银槽开关。

3. 戴好听诊器，在肘窝内侧处摸到肱动脉搏动点，将听诊器胸件紧贴肱动脉处，不宜塞在袖带内，一手固定胸件，另一手关闭气门的螺旋帽，握住输气球向袖带内打气至肱动脉搏动音消失（此时袖带内的压力大于心脏收缩压，动脉血流被阻断，无血通过），再上升 30mmHg。然后以每秒下降 2～3mmHg 的速度慢慢松开气门，使汞柱缓慢下降，双眼随汞柱下降，平视汞柱表面，根据听诊结果读出血压值。根据 Korotkoff 五期法，首先听到的响亮拍击声（第一期）代表收缩压，随后拍击声有所减弱和带有柔和吹风样杂音成为第二期，在第三期当压力进一步降低而动脉血流量增加后，拍击声增强和杂音消失，然后音调突然变得沉闷为第四期，最终声音消失即达第五期。第五期的血压值即舒张压。对于妊娠妇女、严重贫血、甲状腺功能亢进、主动脉瓣关闭不全及 Korotkoff 音不消失者，可以第四期作为舒张压读数，或舒张压也可以同时记录两个数值。血压至少应测量 2 次，间隔 1～2 分钟；如收缩压或舒张压 2 次读数相差 5mmHg 以上，应再次测量，以 3 次读数的平均值作为测量结果。

4. 测量完毕，排除带内余气，拧紧气门的螺旋帽，整理袖带放回盒内，将血压计向水银槽倾斜 45°角时关闭水银槽开关（防止水银倒流）。

5. 将测得的数值记录在体温单的血压一栏内，记录方法为分数式，即收缩压/舒张压。若口述血压数值时，应先读收缩压，后读舒张压。

（二）电子血压计

1. 臂式电子血压计使用方法

（1）接通电源，选择测量项目，接上打气插头。

（2）把换能器放于肱动脉搏动处，扣好袖带。手动充气键至仪器发出蜂鸣声后，即为气压加足，10 秒左右显示板上数字停止跳动，可显示三个数字（即收缩压、舒张压、脉搏读数）。

2. 腕式血压计使用方法

被检者取端坐姿势。一般测量左腕，使腕式血压计与心脏保持同一水平，袖带气囊紧贴手腕皮肤，下缘距手掌纹 1cm，不要过紧或过松。测量开始后，不要说话，不能有体动。

第三节　直接检眼镜

眼底检查可用直接检眼镜、间接检眼镜或裂隙灯显微镜配置前置镜或三面镜检查。其中应属直接检眼镜最常用、最

方便，且眼底所见为正像，放大约 16 倍。通常可不散瞳检查，若需详细检查则应散瞳。

一、直接检眼镜的结构（图 20）

直接检眼镜分为头、颈、体三个部分。主要的光源与旋钮均位于头部。头部分为正反两面，正面接触患者，反面面对医师。

正面由上而下有三个开口：

1. 第一个开口为接目口，检查时须将接目口对准患者眼镜。

2. 第二个开口为光色旋钮，可分绿光、白光、偏极光三种。绿光用于观察视网膜血管出血，白光用于一般检查，偏极光用于消除反光，角膜反光消除以后更容易观察眼底，这种光线对于初学者十分有用。

3. 第三个开口为光圈旋钮，可分为小光圈、大光圈、刻度光圈、裂隙光与蓝色光五种。小光圈用于小瞳孔，大光圈用于大瞳孔，刻度光圈用于测量视网膜病变大小，裂隙光用于观察病变深度，蓝色光用于荧光染色。

反面由上而下也有三个主要构造：

1. 第一个为眉垫，使用时应紧靠医师的眉毛。

2. 第二个是接目口，检查时须将接目口对准医师的眼睛。

3. 第三个开口为屈光显示窗。红色刻度代表凹透镜，黑色刻度代表凸透镜。调整头部侧边的一个转盘，屈光显示窗内的数字就会变换，可选择各种不同度数的屈光镜片。直接眼底镜颈部有一个开关，可开启光源。体部为一内含蓄电池的握柄。

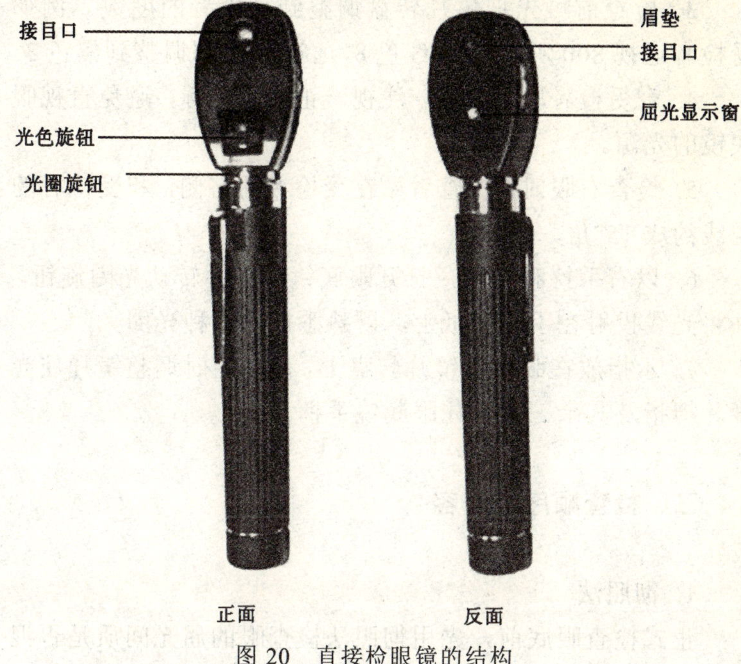

图 20 直接检眼镜的结构

二、眼底检查准备

1. 在暗室中进行，受检者多取坐位，检查者取坐位或立位均可。检查右眼时，检查者位于患者的右侧，用右手持镜、右眼观察；检查左眼时，则位于患者左侧，用左手持镜、左眼观察。

2. 平常戴眼镜的检查者，学习使用直接检眼镜时应佩戴眼镜。检查时室内灯光尽量关闭，如此检查者较易观察眼底变化。

3. 检查前可先把镜片转盘调整到受检者的度数。例如受检者近视800°则调整到红色8，远视300°则调整到黑色3。

4. 令受检者取端坐姿，注视一正前方目标，避免直视眼底镜的光源。

5. 检查右眼时，检查者站在受检者的右侧，和受检者的视线约成15°角。

6. 以右手持眼底镜，打开眼底镜光源，转动光圈旋钮，并将光线投射在手掌或纸上，以熟悉操作各种光圈。

7. 示指放在眼底镜镜片转盘上，以便随时调整镜片屈光度。拇指及其余三指握住眼底镜手柄。

三、检查顺序和内容

1. 彻照法

正式检查眼底前，先用彻照法检查眼的屈光间质是否混浊。用手指将检眼镜转盘拨到＋8～＋10D，距受检眼20cm，将检眼镜光线与患者视线成15°角射入受检眼的瞳孔，正常时呈橘红色反光。如角膜、房水、晶体或玻璃体混浊，则在橘红色反光中出现黑影。此时嘱患者转动眼球，如黑影移动方向与眼球转动方向一致，则表明混浊位于晶状体前方，反之则位于晶状体后方，如不动则混浊在晶状体。

2. 眼底检查

将转盘拨到“0”处，同时将检眼镜移近到距受检眼前约2cm处观察眼底。因检查者与受检者的屈光状态不同，需拨动转盘直到看清眼底位置。嘱患者向正前方注视，检眼镜光源经瞳孔偏鼻侧约15°可检查视盘，再沿血管走向观察视网膜周边部，最后嘱患者注视检眼镜灯光，以检查黄斑部。

3. 眼底检查记录

视盘大小、形状（有无先天发育异常）、颜色（有否视神经萎缩）、边界（有否视盘水肿、炎症）和病理凹陷（青光眼），视网膜血管的管径大小、是否均匀一致，颜色、动静脉比例（正常 2∶3）、形态、有无搏动及交叉压迫征，黄斑部及中心凹光反射情况，视网膜有否出血、渗出、色素增生或脱失，并描述其大小、形状、数量等。对明显的异常情况可在视网膜图上绘出。

综上所述，眼底检查的观察顺序应该是先观察玻璃体，之后依次观察视盘、视网膜血管及视网膜各象限色泽、黄斑部和中心凹反光。

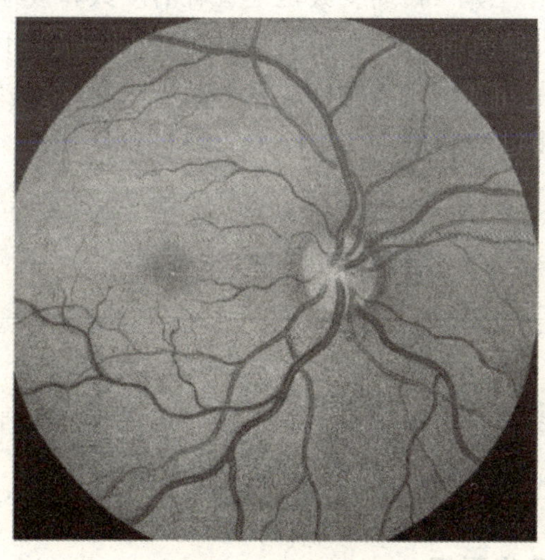

图 21 正常眼底像

四、注意事项

1. 在较暗的光线下瞳孔较大，容易观察。

2. 必要时用药物进行散瞳，以便详细观察，尤其是周边眼底的观察。但是散瞳前须了解病史，如有青光眼病史则不能散瞳。

3. 前后、上下、左右移动眼底镜时，检查者的观察眼始终不能偏离眼底镜的接目口，否则便不能观察到眼底。

4. 大多数的眼底检查失败都是因为患者不固定视线，反而跟着眼底镜的灯光看。

5. 理论上，眼底镜度数是检查者的度数和被检者度数的代数和。如果检查者已经带着矫正眼镜检查，就不用考虑检查者的屈光状态，只需考虑患者的屈光状态。所以检查者一般应配戴眼镜检查患者。

第四节　心电图机

心电图机是用来记录心脏活动时所产生的生理电信号的仪器，为临床诊断常用的医疗电子仪器。

一、工作原理

1. 心脏机械收缩之前，先产生电激动，心房和心室的电激动可经人体组织传到体表。

2. 心电图机用两个电极连接身体表面构成电路，将心脏机械收缩在体表产生的微弱电流（mV 级）放大后记录成曲线即心电图。

3. 心电图记录的是心脏每一心动周期所产生电场中电位的变化。

二、适用诊断范围

1. 心肌、心包疾病。

2. 心律失常：临床上心电图能正确诊断心律失常的类型和程度。

3. 判断药物对心脏的影响：如洋地黄、奎尼丁、胺碘酮等。

4. 判断水与电解质紊乱，特别是高钾血症、低钾血症等。

三、基本结构

心电图机由主机、记录器和导联线三部分组成。一般按照记录器同步输出导联数可分为单导联、3 导联、6 导联和 12 导联心电图机等。目前多提倡使用 12 导联心电图机，因为该种心电图机可以同时记录 12 导联的心电图，记录时捕捉到某些异常心电图后，通过分析对照同一时刻多个导联的波形，可以更准确地作出判断，提高了诊断准确率，同时也缩短了操作时间。

心电图是从体表记录的心脏电位随时间变化的曲线，它反映出心脏兴奋的产生、传导和恢复过程中的生物电位变化。在心电图记录纸上，横轴代表时间，当标准走纸速度为

25mm/s 时，每 1mm 代表 0.04s；纵轴代表波形幅度，当标准灵敏度为 10mm/mV 时，每 1mm 代表 0.1mV。

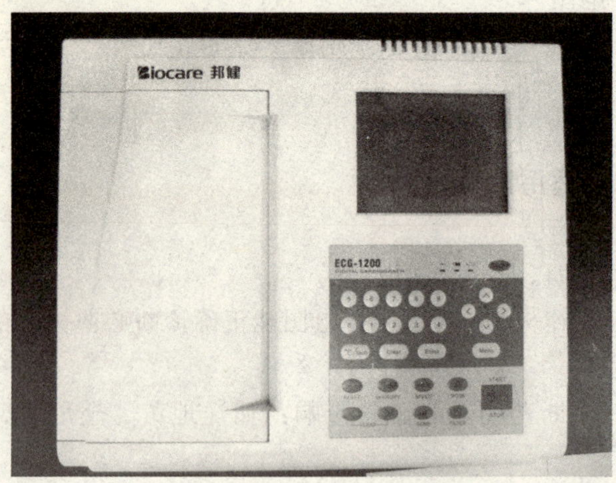

图 22　12 导联心电图主机

图 23　导联线

四、操作步骤

1. 环境私密、安静、温度适宜（>18℃）。

2. 给受检者讲解检查心电图的意义，告知检查无疼痛、无损害，让受检者消除顾虑，缓解紧张情绪，使其肌肉放松，嘱其仰卧在检查床上。

3. 安装记录纸，将电源线和导联线接口与心电图主机侧面相应接口相连，打开电源开关，进行机器预热。

4. 按规定接好导联线。先将受检者的双侧腕部及两侧内踝上部暴露，并用酒精棉球擦拭，毛发多者应剔除或避开，然后接上电极板，保持皮肤与电极良好接触。

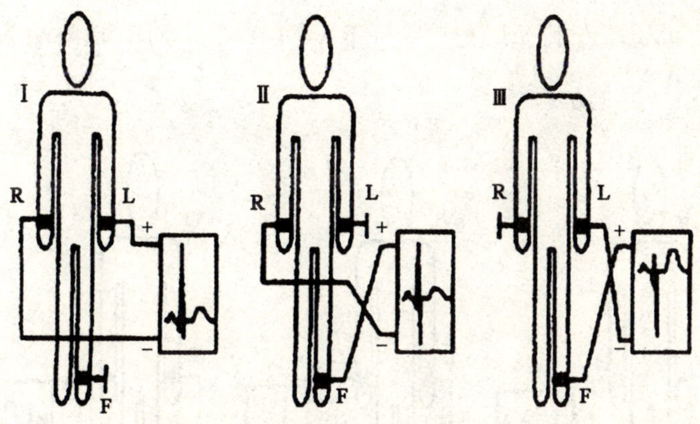

图 24　标准双极肢体导联的电极位置及正负极连接方法

12 导联包括 6 个肢体导联和 6 个胸前导联。6 个肢体导联中，3 个为标准导联，3 个为加压单极肢体导联。

标准导联又称为标准肢体导联，是双极导联，它直接将

两个电极的电位加到心电放大器的输入端，所记录的电压为两者之差。

3 个标准肢体导联包括：

Ⅰ：左臂 LA（＋）与右臂 RA（－）。

Ⅱ：左腿 LL（＋）与右臂 RA（－）。

Ⅲ：左腿 LL（＋）与左臂 LA（－）。

加压单极肢体导联（图 25）：单极肢体导联所获得的电压较小，因此将中心点略加改变，可使电压波幅增大 50%而不影响其波形。

aVR：右臂 RA（＋）与 LA、LL 相连的中心电端为负极（0）。

aVL：左臂 LA（＋）与 RA、LL 相连的中心电端为负极（0）。

aVF：左腿 LL（＋）与 RA、LA 相连的中心电端为负极（0）。

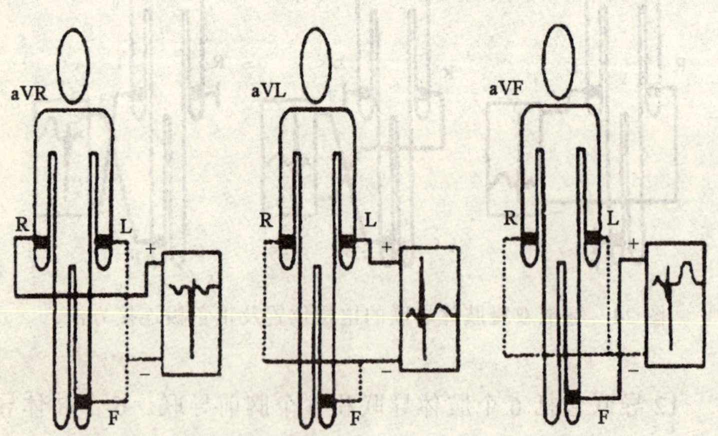

图 25　加压单极肢体导联的电极位置及连接方法

肢体导联连接方法（图 26）：将电极板按照右上肢→红线、左上肢→黄线、左下肢→绿线、右下肢→黑线（此线与地线相通）。

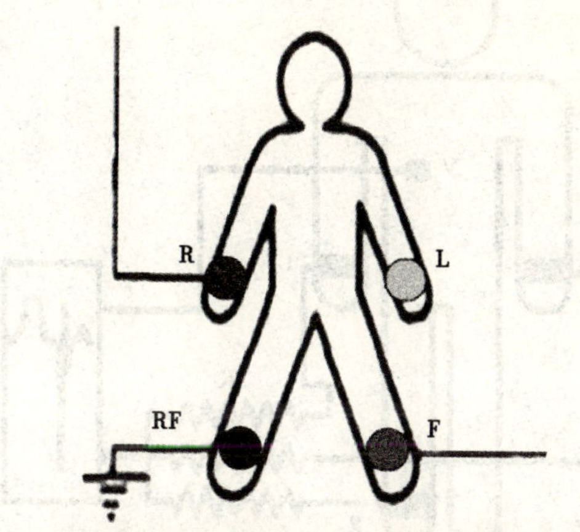

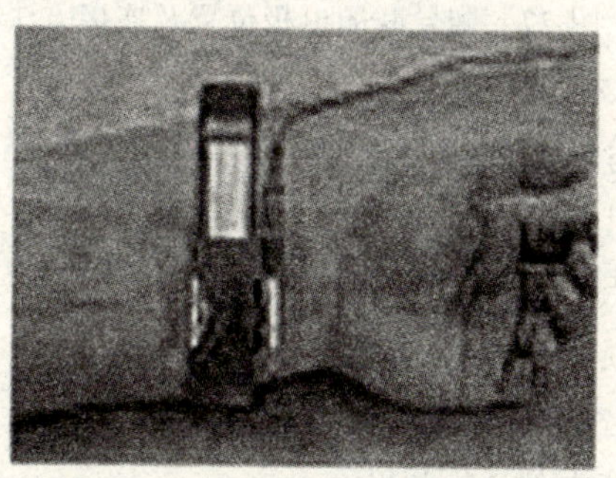

图 26　肢体导联连接示意图

胸导联：胸导联是单极导联，包括 V_1～V_6 导联。检测之正电极应安放于胸壁规定的部位，另将肢体导联 3 个电极分别通过 5K 电阻与负极连接构成中心电端，中心点的电位

接近零电位且比较稳定。胸导联引出的电压就是胸电极安放处的身体表面的心脏激动时的电位变化（图 27）。

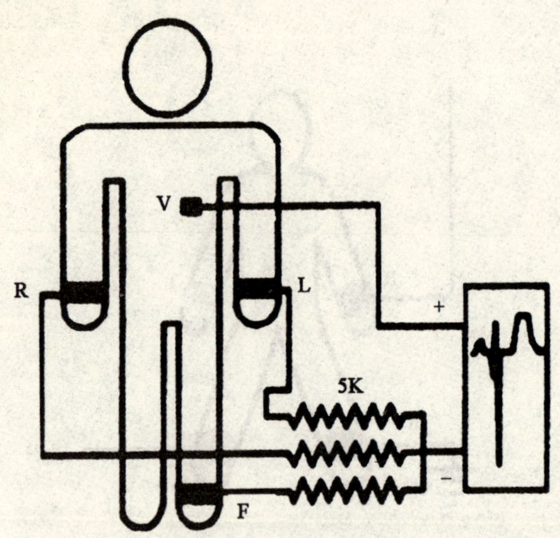

图 27 胸导联的电极位置及连接方法

V_1：胸骨右缘第 4 肋间；

V_2：胸骨左缘第 4 肋间；

V_3：V_2 与 V_4 两点连线的中点；

V_4：左锁骨中线与第 5 肋间相交处；

V_5：左腋前线 V_4 水平；

V_6：左腋中线 V_4 水平。

临床上诊断后壁心肌梗死还常选用 V_7～V_9 导联：V_7 位于左腋后线 V_4 水平处；V_8 位于左肩胛线 V_4 水平处；V_9 位于左脊旁线 V_4 水平处。小儿心电图或诊断右心病变（例如右室心肌梗死）有时需要选用 V_{3R}～V_{6R} 导联，电极放置右胸部与 V_3～V_6 对称处。

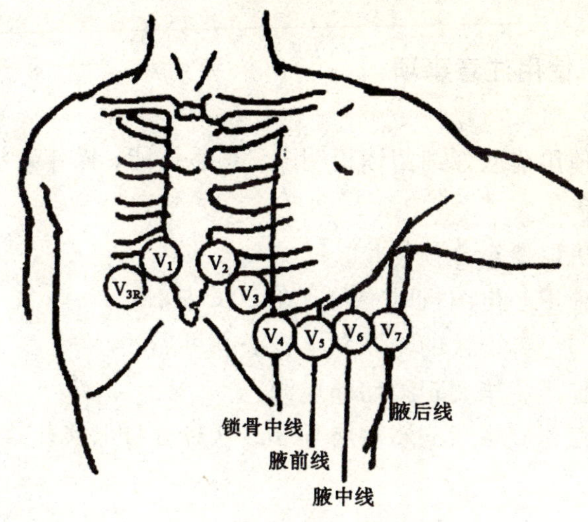

图 28　胸导联的连接位置

5. 调节心电图机的走纸速度及标准电压，调节后使其走纸速度为 25mm/s，标准电压为 10mm＝1mV。

6. 按下开关进行采集，于示波器上观测各导联波形是否清晰、平稳。

7. 采集完成后再核对一遍有无遗漏、伪差等，无异常则按开关走纸记录 12 导联心电图，完成后再核对一遍。

8. 将心电图机电源开关关闭，然后撤除各个导线，清洁患者皮肤。

9. 取下所记录的心电图，标记姓名、年龄、诊断、检查日期和时间、导联名称等。

10. 协助患者穿衣，询问患者感受，作出检查评价；整理床单和用物。

五、使用注意事项

1. 使用前应仔细阅读说明书，熟悉性能、操作方法和注意事项等。

2. 机器要充分预热。

3. 使用心电图机时室温应在 20℃左右。

4. 与患者连接的导联和电极必须可靠。

5. 使用完毕要记得切断电源。

6. 操作完毕后应小心将导联线从患者身上移开。